Michel Noir

Le grand guide Marabout de la MÉMOIRE

•MARABOUT•

COLLABORATEURS

Rédaction scientifique
Sandrine Bélier, *docteur en psychologie cognitive*
Bernard Croisile, neurologue, *docteur en neuropsychologie*

Conception des exercices
Sandrine Bélier, Bernard Croisile, Stéphanie Labaune, Michel Noir

Rédaction des exercices
Stéphanie Labaune

Infographie
Sylvain Chetaille, Elisa Lainé

sous la direction de Michel Noir, docteur en sciences de l'Éducation

avant-propos

En France, comme dans de nombreux pays développés, nous vivons plus longtemps qu'auparavant et les progrès en matière d'hygiène et de nutrition permettent de se maintenir en bonne condition physique durant de nombreuses années. L'enjeu, en termes de santé publique et à titre individuel, est maintenant de savoir si l'on peut conserver, malgré le vieillissement naturel, une mémoire de qualité, voire s'il est possible de l'améliorer.

Il faut savoir que la mémoire n'est pas un muscle qu'il suffirait de faire « gonfler » en apprenant par cœur des poésies toute la journée ou en jouant au bridge 7 fois par semaine.

Il est prouvé scientifiquement qu'il n'est pas bon pour le cerveau de toujours répéter le même loisir ou de se limiter à une seule activité. Afin d'entraîner efficacement « son cerveau », il faut varier les activités pour lui offrir des sollicitations raisonnables sans cesse renouvelées et pour exclure la routine.

Cet ouvrage, composé de deux parties, est destiné à tous ceux qui désirent en savoir plus sur la mémoire, son fonctionnement, ses multiples facettes, et qui, dans le même temps, souhaitent la stimuler de façon ludique.

C'est effectivement en connaissant davantage la mémoire que l'on peut se servir de celle-ci de manière plus appropriée et efficace dans les activités quotidiennes.

C'est également en l'entraînant, en la stimulant de façon adéquate, que l'on parvient à préserver son intégrité malgré l'âge.

Au cours des exercices proposés dans la deuxième partie, de même que dans votre vie quotidienne, vous pourrez appliquer les conseils et stratégies de mémorisation présentés dans la première partie du livre, afin d'améliorer vos capacités de mémorisation et de pallier ainsi les éventuelles petites défaillances que vous pouvez observer parfois dans ce domaine.

Ces exercices ont pour but d'entraîner votre vivacité et vos facultés intellectuelles de manière agréable et variée, grâce à des exercices sollicitant les différents aspects de la mémoire. Les différents niveaux de difficulté dans chacun des exercices vous permettront de vous entraîner à votre rythme, en augmentant progressivement la difficulté.

Prenez plaisir à découvrir les bienfaits d'un entraînement utile et agréable !

Michel Noir,

docteur en sciences de l'Éducation.

sommaire

Connaître la mémoire

L'omniprésence de la mémoire dans la vie quotidienne

La mémoire fait partie des activités les plus nobles et les plus importantes de notre cerveau. Elle est continuellement sollicitée dans la vie de tous les jours, que ce soit pour enregistrer ou rappeler des informations aussi diverses qu'un numéro de téléphone, ce que l'on a mangé la veille, un rendez-vous, l'endroit où l'on a posé un objet, le nom de tel objet ou de telle personne, une date de l'histoire de France...

Notre stock de connaissances en mémoire est donc très varié, englobant nos connaissances générales/culturelles anciennes, mais également nos connaissances nouvelles, des procédures de gestes automatiques, ainsi que des souvenirs personnels.

La mémoire participe également de façon essentielle à d'autres activités intellectuelles telles que la lecture, le raisonnement, le calcul mental, l'apprentissage d'un instrument de musique, la création d'images mentales...

Elle se trouve, en conséquence, constamment mise à contribution de façon volontaire ou non.

Ma mémoire personnelle, mon identité

La mémoire constitue, en outre, le passé de chacun ou plutôt la connaissance de celui-ci et permet ainsi à tout homme de posséder son identité propre.

Cette fonction cognitive, dont les capacités semblent illimitées, se révèle par conséquent indispensable à l'être humain.

On comprend donc bien que les quelques difficultés de mémoire du quotidien auxquelles nous sommes parfois confrontés soient irritantes même si elles ne constituent que des « ratés » au sein d'une compétence assez exceptionnelle par ailleurs. L'observation de patients amnésiques démontre en outre combien la survenue de troubles de mémoire peut être handicapante.

Ma mémoire, ma vie !

Être dans l'incapacité de faire resurgir de manière fiable et sans effort le passé ou même quelque chose qui vient d'arriver (qui fait néanmoins déjà partie du passé !) est particulièrement frustrant. Cela peut même se révéler blessant, voire traumatisant si le trouble est récurrent et qu'il y a conscience de cette déficience. La fuite du souvenir génère alors une fuite de l'identité. Ainsi, du fait du rôle majeur de la mémoire dans notre vie relationnelle, certains troubles mnésiques peuvent également entraver nos relations sociales et affectives et bouleverser notre vie sous tous ses aspects.

Même s'il est normal d'observer un déclin des performances de mémoire avec l'avancée en âge, les plaintes concernant le fonctionnement de la mémoire sont très courantes chez les plus de 50 ans, qui craignent souvent de voir ces troubles de mémoire liés à une démence de type Alzheimer. C'est pourtant loin d'être systématiquement le cas, mais si le doute est trop persistant, il vaut mieux consulter un spécialiste qui établira un bilan.

Une ou plusieurs mémoires ?

La tendance naturelle de chacun est d'envisager la mémoire comme un tout. Par conséquent, nous prétendons avoir, de façon globale, *une* bonne ou *une* mauvaise mémoire ou nous utilisons des phrases stéréotypées comme « Je dois avoir *la* mémoire qui flanche ! », qui supposent que nous serions dotés d'une mémoire unique.

Pourtant, le souvenir de ce que l'on a mangé la veille est bien différent du souvenir du nom de la capitale de l'Italie. Et les recherches montrent d'ailleurs que ce sont différentes régions du cerveau qui interviennent selon le type de connaissances à mémoriser ou à rappeler.

Mme X. ne se rappelle plus l'endroit où elle s'est garée, mais pourtant elle se souvient de sa liste de commissions.

M.Y. ne se souvient plus de ce qu'il vient chercher à la cave, mais il se rappelle les souvenirs de son enfance.

Ces deux exemples illustrent très bien l'existence de plusieurs formes de mémoire, contenant des connaissances de nature différente. Si ce n'était pas le cas, les problèmes de mémoire concerneraient tous les aspects.

Différentes formes de mémoire peuvent ainsi être distinguées selon le type de connaissances contenues, mais aussi selon la durée du souvenir. Il existe, d'une part, plusieurs formes de mémoires temporaires, qui ne conservent – comme leur nom l'indique – l'information que pendant une durée limitée et, d'autre part, plusieurs formes de mémoires permanentes qui, quant à elles, conservent l'information plus durablement.

Les mémoires temporaires

La mémoire sensorielle

La mémoire sensorielle est la plus éphémère des mémoires temporaires. Elle enregistre toute nouvelle information perçue pendant quelques centaines de millisecondes seulement. Néanmoins, c'est une étape primordiale, puisque la mémorisation d'une information nécessite qu'elle soit d'abord perçue. Tout objet de l'environnement laisse une trace éphémère dans le système nerveux. Après avoir transité en mémoire sensorielle, soit l'information s'évanouit, soit elle passe en mémoire à court terme.

La mémoire à court terme

La mémoire à court terme prend le relais de la mémoire sensorielle, en conservant l'information pendant un court laps de temps n'excédant pas la minute. Sa capacité est également limitée en quantité, puisqu'elle permet d'enregistrer 7 éléments environ.

En d'autres termes, elle conserve les informations le temps de les exploiter pour la réalisation d'une conduite particulière. Elle permet, par exemple, de retenir un numéro de téléphone donné oralement, le temps de le composer ou de l'écrire. Elle intervient aussi dans la lecture, nous permettant de retenir la phrase que nous venons de lire afin d'assurer une cohérence avec la suivante.

Cette mémoire englobe donc toute l'information que l'on peut maintenir à l'esprit à un moment donné.

ÉPREUVE CLASSIQUE DE MÉMOIRE À COURT TERME

Il s'agit de répéter un nombre de chiffres augmentant progressivement à chaque réussite. Chez la personne normale, le moment limite où l'on n'arrive plus à répéter la série de chiffres est, en moyenne, lorsqu'on atteint 7 chiffres.

La mémoire de travail

Les recherches ont montré que, outre son simple rôle de stockage temporaire de l'information, la mémoire à court terme permet d'effectuer des tâches intellectuelles complexes telles que raisonner, apprendre, calculer mentalement, comprendre, réorganiser l'information, diviser son attention lors d'une situation de double tâche[1].

1 On parle de «double tâche» quand il s'agit de stocker et de manipuler simultanément plusieurs informations.

C'est ainsi qu'au début des années 1970 la mémoire à court terme a été rebaptisée plus justement « mémoire de travail » afin de mieux rendre compte de ses multiples compétences, notamment de sa fonction de contrôle et d'organisation des opérations en cours.

La mémoire de travail nous permet de garder en mémoire les éléments importants du problème, comme le but à atteindre, et de travailler sur les différents éléments à notre disposition, comme une série de chiffres lors d'un calcul mental.

Elle est donc souvent mise à contribution dans notre quotidien, particulièrement lorsque nous avons à réaliser plusieurs tâches en parallèle. Grâce à elle, nous avons ainsi la possibilité d'écouter une personne, tout en prenant des notes sur ce qu'elle est en train de dire, ou encore de conduire une voiture tout en conversant avec le passager.

ÉPREUVE CLASSIQUE DE MÉMOIRE DE TRAVAIL

Le participant réalise deux activités simultanées. Une des deux activités est de décider, le plus rapidement possible, si chacune des phrases qu'on lui présente est juste ou non. Des phrases de type : « une poule a des dents », « un chat mange des souris » sont présentées. L'activité parallèle consiste à retenir le dernier mot de chaque phrase. À la fin de la série de phrases, le participant doit rappeler les derniers mots de chaque phrase dans l'ordre dans lequel ils sont apparus.

Des chercheurs ont montré que l'on pouvait rendre l'exercice encore plus difficile en jouant sur la complexité des phrases (forme négative ou positive / forme passive ou active), ainsi que sur le nombre de phrases présentées.

Dans ce type d'exercice, l'attention se trouve divisée entre deux sources d'informations.

Lorsque la capacité de cette mémoire est franchie ou lorsqu'un délai supérieur à une minute est instauré entre l'apprentissage de l'information et son rappel, soit l'information est oubliée, soit elle est transférée en mémoire permanente. En effet, après avoir transité en mémoire temporaire, l'information peut prendre place en mémoire permanente s'il y a, par exemple, désir de conserver l'information à plus long terme. Dans ce cas, l'accès en mémoire à long terme se fait grâce à l'intention d'apprendre, de retenir.

MÉMOIRE À COURT TERME ET MÉMOIRE À LONG TERME

C'est l'étude du patient H. M. qui a permis, au début des années 1970, de proposer l'existence de ces deux formes de mémoire. Ce patient, après avoir subi une intervention chirurgicale engendrant une atteinte cérébrale, présentait un fonctionnement normal de sa mémoire à court terme, mais une altération sévère de ses performances en mémoire à long terme, c'est-à-dire qu'il était incapable de retenir durablement de nouvelles informations. Parallèlement, le patient K. F. présentait la forme inverse du trouble, à savoir une incapacité à retenir des informations à court terme, alors que sa mémoire à long terme fonctionnait normalement.

Par ailleurs, on peut très facilement mettre en évidence l'existence de ces deux formes de mémoire par un test simple, classiquement utilisé en psychologie cognitive. On présente à une personne une liste d'une vingtaine de mots à mémoriser et à rappeler immédiatement. On observe alors que les mots qui étaient situés au début de la liste sont bien mieux rappelés que les mots du milieu de la liste. De même, les mots qui étaient situés à la fin de la liste sont également mieux rappelés que ceux du milieu de liste, sauf si on insère un exercice quelconque entre l'apprentissage de la liste et son rappel.

■ La mémoire à long terme serait donc impliquée dans la mémorisation des mots du début de la liste.

■ La mémoire à court terme serait, elle, impliquée dans la mémorisation des mots de la fin de la liste, ceux que l'on vient juste d'apprendre.

La mémoire à court terme est très facilement perturbée par les interférences[2], ce qui explique l'annulation d'un meilleur rappel pour les mots de fin de liste en cas d'insertion d'un exercice entre l'apprentissage et le rappel. Les premiers mots de la liste ont, quant à eux, été mémorisés durablement en mémoire à long terme et le stockage n'est donc pas perturbé par l'exercice interférent. Si les mots du milieu de la liste sont moins bien rappelés, c'est parce qu'au bout du sixième mot, la tâche devient plus difficile, l'attention étant moins disponible puisqu'on se focalise sur la répétition de tous les mots depuis le début.

2 Perturbation externe ou interne qui peut être, par exemple, le fait que quelqu'un entre dans la pièce où nous nous trouvons, ou la simple émergence à l'esprit d'une pensée.

Les mémoires permanentes

Les mémoires permanentes sont regroupées sous le terme générique de « mémoire à long terme ». Cette forme de mémoire comprend l'ensemble des connaissances et des savoir-faire que l'individu a acquis de manière durable. Elle peut renfermer une quantité illimitée d'informations. Les informations enregistrées par l'individu sont stockées sous forme de traces dans cette mémoire et peuvent y demeurer des années, voire toute une vie.

Les connaissances contenues dans cette mémoire à long terme sont de nature diverse. En effet, elle contient aussi bien les souvenirs personnels que les savoirs acquis ou les connaissances plus pratiques et automatiques comme savoir faire du vélo. Regardons plus en détail sa composition.

La mémoire autobiographique

Cette mémoire, dont le nom scientifique est « mémoire épisodique », permet d'acquérir et de retenir des connaissances ayant trait à des événements personnellement vécus. Elle renferme aussi bien la capacité à rappeler la tenue qu'on portait la veille que la possibilité de reconnaître un visage après des années. Chaque événement personnel est unique et se produit dans un contexte particulier, c'est-à-dire en un lieu et un temps donnés. C'est une mémoire propre à chacun, car le souvenir d'un même épisode sera différent pour chacune des personnes l'ayant vécu. Il est fréquent qu'une forte charge émotionnelle ou affective soit rattachée à ce type de souvenir. Ainsi, nous nous souviendrons davantage du repas qui était servi pour notre mariage dix années auparavant que celui que nous avons pris il y a deux semaines au cours d'une soirée quelconque.

ÉPREUVE CLASSIQUE DE MÉMOIRE ÉPISODIQUE

Faire apprendre une quinzaine de mots, puis tester leur rappel. Il existe trois façons possibles de tester ce rappel : le rappel libre, pour lequel il s'agit de rappeler spontanément ce que l'on a retenu, car aucun indice n'est proposé pour faciliter la récupération ; le rappel indicé, où l'on se voit proposer, par exemple, les premières lettres des mots appris pour faciliter le rappel ; et la reconnaissance, où il s'agit de reconnaître les mots précédemment vus alors qu'ils sont mêlés à d'autres.

Cette mémoire permet ainsi de constituer un stock de souvenirs personnels, d'événements autobiographiques et d'informations datées : se rappeler le film que nous avons vu la veille, un voyage à Venise, notre vingtième anniversaire, notre rendez-vous chez le dentiste ou la soirée d'un ami. Il est avéré que les souvenirs personnels les plus anciens, auxquels on a souvent repensé, sont généralement ceux dont on se rappelle le mieux.

Toute nouvelle connaissance est d'abord enregistrée dans cette mémoire épisodique, car, au départ, le contexte dans lequel elle a été apprise est très présent. Ensuite, parce que cette information est rencontrée plusieurs fois dans notre vie, elle se fond dans différents contextes et devient plus abstraite, plus générale. C'est, par exemple, le cas de la table de multiplication que chacun d'entre nous a bien apprise un jour donné dans sa salle de classe, mais qui est devenue une connaissance générale par la suite.

La mémoire dite sémantique

Elle concerne les connaissances générales et culturelles, c'est-à-dire les concepts et savoirs acquis par l'individu au cours de sa vie. Les personnes de même âge, de même niveau culturel ou de même sexe ont une mémoire sémantique incluant beaucoup d'informations comparables.

À l'inverse de la mémoire épisodique, les connaissances sémantiques ne sont pas rattachées au contexte de mémorisation. En effet, nous n'avons plus le souvenir de l'occasion précise à laquelle ont été apprises ces informations, de l'instant exact où nous avons su, par exemple, que deux et deux faisaient quatre. Toutefois, comme nous l'avons mentionné plus haut, toute connaissance est initialement de nature épisodique, mais se détache petit à petit du contexte d'apprentissage.

Par « connaissances générales », nous entendons les connaissances sur le monde, partagées par un certain nombre de personnes, comme les règles grammaticales, les mots et leur sens, les noms de capitales ou d'objets. La mémoire sémantique est nécessaire à la production du langage et à sa compréhension. Les souvenirs portant sur les connaissances appartenant à cette mémoire sont très résistants malgré l'avancée en âge.

ÉPREUVES CLASSIQUES DE MÉMOIRE SÉMANTIQUE

Plusieurs épreuves existent, comme donner le plus grand nombre de mots, en une minute, commençant par une lettre donnée ou appartenant à une catégorie donnée ; ou encore choisir parmi trois propositions le synonyme d'un mot donné.

La mémoire automatique

Cette mémoire, dont le nom scientifique est « mémoire procédurale », concerne toutes les procédures générales, règles, habiletés et savoir-faire que l'on a acquis et que l'on utilise automatiquement, tels que faire du vélo, conduire ou jouer de l'accordéon. La pratique permet d'améliorer les performances de cette mémoire procédurale. C'est pourquoi, par exemple, plus nous conduisons, plus nous sommes performants.

Nous n'avons pas besoin de faire appel à des stratégies conscientes pour réaliser une procédure donnée. Cette forme de mémoire est très résistante malgré l'âge.

ÉPREUVES CLASSIQUES DE MÉMOIRE PROCÉDURALE

On peut, par exemple, apprendre à lire des mots dans un miroir ou écrire en miroir (dans cette situation, on ne peut voir directement la main qui écrit, ni la feuille, ni le crayon ; c'est un miroir qui projette tout cela). Ces exercices, difficiles à réaliser au départ, vont devenir plus faciles avec la pratique.

La mémoire, comment ça marche ? Les trois étapes principales

J'apprends une information…
je conserve l'information
dans ma mémoire…
je rappelle cette information

L'encodage

La première étape de la mémorisation d'une information est ce qu'on appelle l'« encodage ». Au cours de cette étape, nos sens sont alimentés en informations. L'encodage correspond à l'étude de l'information en vue de son enregistrement en mémoire.

Nous verrons ultérieurement que la qualité du souvenir d'une information dépend de la qualité de son encodage. Ainsi, une information qui a été étudiée de façon superficielle aura moins de chance d'être mémorisée, gardée en mémoire et rappelée ultérieurement, qu'une information sur laquelle a été effectuée une étude profonde.

La qualité du souvenir dépend également de la bonne organisation des informations au moment de l'encodage. L'organisation des informations en thèmes ou catégories d'appartenance (« FRUIT » pour « ananas » et « poire »), permet, par exemple, une meilleure mémorisation.

Le stockage

La deuxième étape de la mémorisation d'une information est le stockage. Il s'agit de la rétention, du maintien en mémoire de l'information qui a été mémorisée, et cela pour une période plus ou moins longue selon le type de mémoire impliquée.

Afin de maintenir l'information en mémoire le plus longtemps possible, il est important de l'utiliser régulièrement.

Les informations nouvelles que l'on souhaite enregistrer en mémoire vont se rattacher ou plus précisément se connecter aux informations anciennes déjà en mémoire et qui partagent un lien avec elles. Un souvenir sera la reconstitution de tous ses éléments constitutifs (voir l'illustration ci-dessous).

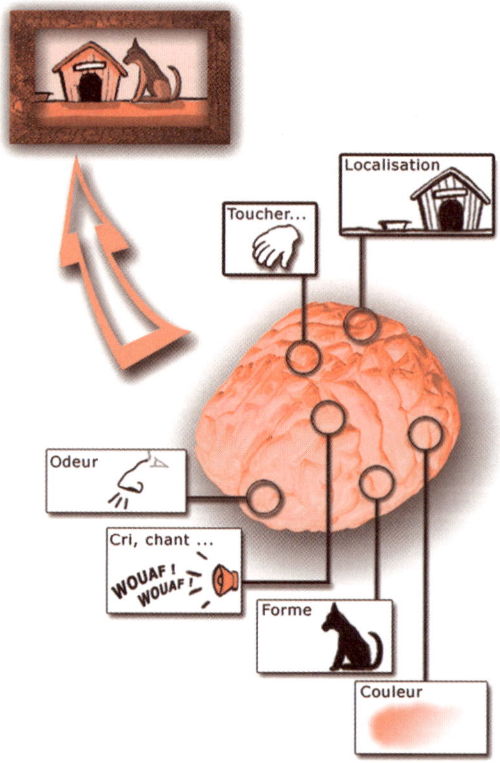

Les informations concernant un matériel familier, qui est donc déjà en mémoire, n'impliquent pas de stockage supplémentaire. Au lieu de cela, ce sont des associations entre l'information concernée, déjà en mémoire, et les éléments du nouveau contexte qui s'établissent.

La récupération

La troisième étape de l'activité de mémorisation est la récupération de l'information encodée en mémoire. En d'autres termes, il s'agit de l'accès à l'information, de sa restitution, de son rappel.

Cette étape met donc en jeu la capacité à accéder aux informations stockées en mémoire.

Les conditions favorables à une bonne mémorisation

L'autorépétition

Les recherches ont montré que le fait de se répéter l'information que l'on est en train d'apprendre assure son transfert en mémoire à long terme. Elle a donc plus de chance d'être retenue. La trace de l'information en mémoire est en effet renforcée par son passage répété.

LA RÉPÉTITION PERMET SURTOUT D'AMÉLIORER LA MÉMOIRE POUR UN MATÉRIEL PARTICULIER

Afin d'améliorer la mémorisation d'éléments (chiffres, lettres...), on peut se répéter ces éléments dans des délais augmentant progressivement par rapport à la présentation initiale. Cependant, cette technique n'engendre pas d'amélioration générale de la fonction mnésique, car elle reste appliquée à une mémorisation ponctuelle.

Une recherche menée dans les années 1980 a d'ailleurs montré qu'avec de l'entraînement intensif un étudiant avait amélioré sa capacité de rappel de chiffres de 7 à 80. Cependant, en dépit de cet entraînement, son aptitude à rappeler des lettres de l'alphabet n'avait pas changé (7 éléments environ).

La similarité des contextes d'encodage et de récupération

L'information, quelle qu'elle soit, est toujours associée à un contexte spécifique. C'est pourquoi une information est mieux restituée dans un contexte similaire à celui dans lequel elle a été apprise.

Le chercheur Baddeley (1985) démontrait ce fait de façon originale grâce à une expérience portant sur les capacités mnésiques des plongeurs sous-marins. Ces derniers devaient apprendre des listes de mots soit sur la plage, soit sous l'eau. Puis le rappel de ces mots était testé de deux façons : soit les plongeurs étaient testés sur la plage, soit ils étaient testés sous l'eau. Les résultats montrent que les plongeurs avaient les meilleures performances quand ils apprenaient et récupéraient les mots dans les mêmes conditions expérimentales, c'est-à-dire dans le même contexte (apprentissage sous l'eau / rappel sous l'eau par exemple). Le fait de changer de contexte (apprentissage sous l'eau / rappel sur la plage) faisait perdre 40% des performances mnésiques !

Les changements de contexte entre l'apprentissage et le rappel de l'information n'engendrent pas toujours des baisses de performances aussi flagrantes. Si le changement environnemental est faible, comme lorsqu'il s'agit d'apprendre ses leçons chez soi et de les restituer dans une salle de cours, l'impact est alors minime.

Les changements environnementaux ne sont pas les seuls à impliquer des baisses de performance de mémoire. Les changements physiologiques auraient eux aussi leur influence. C'est ce que rapporte une étude réalisée à la fin des années 1960 concernant les effets de l'alcool sur l'apprentissage. Tout comme les plongeurs, les participants devaient apprendre une liste de mots, mais soit en étant ivre, soit en étant sobre. De façon similaire, le rappel se faisait en étant ivre ou sobre. Cette étude a montré que les performances étaient meilleures quand il n'y avait pas de changement physiologique entre l'apprentissage et le rappel. Par exemple, le rappel en étant ivre était meilleur si l'apprentissage s'était fait dans des conditions similaires d'ivresse !

La profondeur de l'encodage

Comme nous l'avons précédemment évoqué, la façon dont nous allons étudier l'information va jouer un rôle crucial sur sa bonne mémorisation.

Des chercheurs (Craik et Lockhart, 1972) ont en effet posé que la durée d'un souvenir était corrélée avec la profondeur de l'étude réalisée sur l'information à encoder. Ainsi, ils ont suggéré qu'un mot qui était étudié de façon superficielle – juger, par exemple, si le mot est écrit en minuscules ou en majuscules – engendrait une trace mnésique de courte durée. À l'inverse, un mot subissant une étude légèrement plus profonde, comme de juger si le mot rime avec un autre, ou une étude plus profonde encore, comme de définir à quelle catégorie appartient le mot, renforçait sa rétention, sa trace mnésique. Les auteurs en ont conclu que plus le traitement réalisé sur l'information à apprendre était profond, plus l'information avait de chances d'être enregistrée en mémoire à long terme.

Les indices au rappel

Le rappel des informations qui ont été stockées en mémoire est facilité si des indices les concernant sont fournis.

Le rappel du contexte, par exemple, est un indice important. Ainsi, lorsque nous recherchons le nom d'une personne familière que nous venons d'apercevoir, si l'endroit où nous l'avons rencontrée nous est donné, la récupération du nom sera favorisée.

Autre exemple d'indice au rappel d'une liste d'éléments appris : il est plus facile de se souvenir des mots d'une liste appris si on a seulement à les reconnaître parmi d'autres que si on a à les évoquer librement, sans aide.

L'importance du sommeil

Le sommeil est composé de quatre phases de sommeil lent – qui vont de l'endormissement jusqu'au sommeil profond – et d'une phase de sommeil paradoxal (rêves).

Des expériences sur l'homme et l'animal ont mis en évidence le rôle du sommeil paradoxal sur les phénomènes de mémorisation.

Il a été montré, par exemple, que chez l'être humain, les informations mémorisées juste avant de s'endormir étaient mieux mémorisées que si elles étaient apprises le matin. Le sommeil paradoxal améliorerait le stockage de l'information. Ce résultat pourrait néanmoins être dû à la présence moindre d'interférences pendant la nuit, par rapport à la journée.

Les études sur le rat montrent que les phases de sommeil paradoxal sont plus longues lorsque l'animal est en phase d'apprentissage. Lorsque ces animaux sont privés de sommeil paradoxal, il est avéré que l'apprentissage est fortement perturbé. Même si certains animaux arrivent malgré cela à apprendre, l'apprentissage est beaucoup plus long.

Les conditions défavorables à une bonne mémorisation

L'effet néfaste du stress et autres facteurs sur la mémoire

Le vieillissement n'est pas l'unique facteur engendrant une dégradation des performances de mémoire ; la mémoire est aussi tributaire des circonstances et événements, tels la fatigue, le stress ou encore l'anxiété, la motivation, l'émotivité, le fait que l'on soit pressé, distrait, interrompu, malade ou sous sédatif...

Les soucis dégradent donc la mémoire et cela pour plusieurs raisons. La première est que, comme nous venons de le voir, un bon fonctionnement de la mémoire passe par un sommeil de bonne qualité. Or, il arrive que le fait d'être soucieux entraîne une perturbation du sommeil. De la même façon, les soucis peuvent amener à une dépression, qui entraîne à son tour une altération des capacités de mémoire.

Par ailleurs, les soucis vont perturber les capacités de concentration, d'attention, car ces dernières seront mobilisées par une affluence de pensées liées aux contrariétés rencontrées. Or, pour mémoriser correctement, il est nécessaire d'être attentif à ce que l'on fait si l'on veut être capable de s'en souvenir. Dans le cas contraire, il y a de fortes chances pour que l'on ne se souvienne plus de l'endroit où l'on a posé ses lunettes, des papiers divers ou ses clés par exemple, que l'on ne se rappelle plus ce que l'on vient juste de lire ou d'entendre ou encore que l'on oublie ce que l'on avait prévu de faire dans l'instant. La mémoire est en effet très sensible aux éléments interférents qui vont perturber son fonctionnement.

Mais il n'y a pas de raison de prendre peur pour autant ; les troubles de mémoire liés à la dépression ou à l'anxiété sont réversibles, contrairement à ceux liés à une maladie organique telle que la maladie d'Alzheimer. Il suffit souvent d'une bonne période de repos ou, à défaut, d'une prescription médicale adaptée, pour voir notre mémoire reprendre (la) forme !

Pour conserver une mémoire de qualité, il est donc important d'essayer de se préserver de certains facteurs agressifs qui nuisent aux phénomènes de mémorisation, tels que le stress, l'insomnie, les drogues et en particulier une consommation excessive d'alcool, laquelle peut, dans des cas extrêmes, provoquer une amnésie.

Les émotions

Lors de l'encodage d'une information, le contexte émotionnel peut jouer un rôle important en favorisant ou défavorisant le rappel ultérieur de cette information. Effectivement, les émotions liées à la situation ou au contenu du souvenir peuvent avoir un impact sur la trace en mémoire que laissera le souvenir lui-même.

Le refoulement du souvenir : dans le cas d'une situation traumatisante pour l'individu, il se peut que l'information soit refoulée au plus profond de lui, comme pour mieux s'en protéger.

La persistance du souvenir : dans une situation similaire, il se peut, au contraire, que le souvenir persiste de façon exacerbée, hantant alors l'esprit d'une manière parfois pathologique.

Il est clair de toute façon qu'un événement chargé d'émotion marquera davantage qu'un événement dont on est détaché d'un point de vue émotionnel. Un événement qui aura ému, apporté de la joie ou de la tristesse, engendrera un souvenir plus tenace et authentique (souvenir inchangé).

Le caractère émotionnel est donc important : nous ne pouvons retenir durablement ce pour quoi nous ne voyons pas d'intérêt. Plus il existe d'indices émotionnels, mieux on mémorisera.

Les stratégies de mémorisation

D'une manière générale, pour mieux se souvenir, il faut être **attentif à ce que l'on fait au moment de la mémorisation**, que ce soit lorsqu'on lit un texte ou lorsque l'on pose ses lunettes sur la commode… On peut bien entendu utiliser des aides externes (« à l'extérieur de soi »), tels que des agendas, calendriers, *post-it*™ ou notes, pour s'aider au rappel ou pour éviter de surcharger sa mémoire.

Mais les stratégies internes (« à l'intérieur de soi ») permettent de faciliter naturellement la mémorisation et le rappel et peuvent être utilisées à tout âge. Le but est de pouvoir s'en servir de manière spontanée lors de tout apprentissage dans la vie quotidienne.

La mémoire, c'est apprendre, stocker et se rappeler.

Ainsi, certains procédés mnémotechniques peuvent être appliqués au niveau de l'encodage afin de mieux capturer l'information. D'autres servent à fixer, à consolider l'information en mémoire. Finalement, certains aident à restituer plus facilement l'information qui est en mémoire.

COMMENT AMÉLIORER LES SOUVENIRS D'UN VOYAGE QUE L'ON A FAIT :

Il est vrai que la fatigue, la quantité de nouvelles données (nouvelles connaissances, nouveaux lieux, nouvelles habitudes alimentaires ou comportementales), les décalages horaires et autres changements altèrent parfois le souvenir d'un voyage. Les photos prises lors du voyage peuvent servir de support au rappel, mais, dans le même temps, sont fragilisés les autres moments non photographiés. Pour améliorer les souvenirs concernant un voyage, il est intéressant de tenir un journal de voyage. Chaque soir, je note la date et les deux choses les plus intéressantes de la journée.

Le double codage

Lorsque l'information est enregistrée de deux façons différentes au moment de l'encodage, elle est mieux retenue. Ainsi, le simple fait de lire à voix haute un mot écrit offre au cerveau la présentation de ce mot sous une double forme. Effectivement, en plus d'avoir accès à une information visuelle, le fait de s'entendre lire le mot lors d'une lecture à voix haute va permettre d'accéder à une information auditive. Il y a donc « double codage » de l'information, ce qui va renforcer les chances de la mémoriser.

L'analyse du matériel à mémoriser

Analyser en détail le matériel à apprendre est une étape essentielle pour bien mémoriser. Cela permet de repérer les choses les plus importantes à retenir et de les comprendre. On ne peut en effet que médiocrement mémoriser quelque chose que l'on n'a pas compris. Savoir prendre le temps nécessaire pour étudier l'information et l'apprendre est un facteur également très important.

Afin d'exercer sa capacité d'analyse, on peut, par exemple, s'entraîner avec des scènes de tableaux, en analysant les personnages représentés, leurs expressions, leur position, les vêtements qu'ils portent, ce qu'ils sont en train de faire, dans quel endroit ils se trouvent...

Un exercice classique consiste à trouver un mot dans une série de lettres (HAGWEUDJIAVERREKENDISP : le mot « verre » dans cet exemple).

Comme nous l'avons vu précédemment, effectuer une étude profonde sur l'information est également bénéfique pour sa mémorisation : on peut ainsi réfléchir et s'interroger sur les informations à encoder.

Ainsi, lorsque l'on souhaite améliorer sa mémoire d'un texte ou d'un article, une méthode classique consiste à se poser diverses questions sur le sens du texte, à le relire une seconde fois, puis à essayer de répondre aux questions que l'on s'était posées préalablement.

L'organisation de l'information

Trier le matériel à apprendre est aussi une étape utile pour en favoriser la bonne mémorisation, notamment lorsqu'il s'agit de mémoriser un grand nombre d'informations (liste des commissions par exemple). Il est alors essentiel de procéder à des regroupements de ces informations en ensembles logiques : soit par sous-ensembles cohérents, soit par catégories. On regroupe alors les mots en fonction de leur sens (les animaux, les végétaux, les objets…). Cette méthode, à laquelle chacun peut aisément recourir, permet d'alléger les processus de mémorisation. S'il s'agit d'objets, on peut les regrouper selon leurs fonctions ou leurs formes. Enfin, s'il s'agit de formes plus abstraites, on peut essayer d'en constituer un motif ou un dessin. Cela aidera à mémoriser leur emplacement dans l'espace. S'il s'agit de chiffres (par exemple, un numéro de téléphone ou un numéro de carte bancaire), il est possible de les regrouper par quatre ou par paires, si vous avez repéré des numéros de départements ou des dates de naissance que vous connaissez bien et que vous pourrez donc aisément récupérer quand vous les chercherez.

On peut aussi envisager d'apprendre une série de mots en les mettant dans un certain ordre afin de constituer un mot ou un sigle à partir de leurs premières lettres. Ainsi, imaginons que les mots RÂTEAU, POMME, INSTINCT et ALGÈBRE soient à apprendre, cette stratégie consiste à prendre la première lettre des mots et à en faire un mot, comme PARI, dont chacune des lettres nous servira d'indice lors du rappel.

Le rôle de l'imagerie

L'imagerie mentale est la capacité permettant de percevoir quelque chose en son absence. Cette activité nous permet donc de recréer mentalement images, sons, odeurs, sensations. Dans le domaine de la vision par exemple, c'est l'impression de «voir» une image dans sa tête, comme le visage d'une personne, sans que cette personne ne soit physiquement présente. Le simple fait de former une image mentale de l'information à mémoriser facilitera sa mémorisation.

Pour mémoriser une liste de mots, il est efficace de recourir à une stratégie d'imagerie mentale. On peut, par exemple, **élaborer une image mentale pour représenter un mot**, voire pour combiner deux ou trois mots. Cela est plus ou moins facile selon les mots, l'image mentale d'une bicyclette étant plus facile à élaborer que l'image d'un mot abstrait. Plus le mot est facile à imaginer, plus il sera aisé à mémoriser. Ainsi, si l'on a les mots TULIPE et VOITURE à mémoriser, on peut par exemple imaginer qu'une voiture roule dans un champ de tulipes.

De même, pour bien mémoriser un texte lu, il est intéressant de créer des images mentales des situations décrites pour mieux s'en souvenir.

Afin de renforcer l'apprentissage des noms de personnes, on peut écrire leurs noms et **visualiser mentalement le visage** de chacune des personnes de façon régulière.

Enfin, pour ne pas oublier d'acheter certains articles quand on va faire des courses, on peut faire un plan du magasin dans lequel on a l'habitude de se rendre, et placer au bon endroit les produits que l'on doit acheter. Un autre moyen consiste à **visualiser mentalement les rayons du magasin** et à imaginer ce schéma au lieu de le dessiner. Une autre façon de faire, qui n'implique pas l'imagerie, est de dresser une liste des produits que l'on a l'habitude d'acheter très régulièrement, en notant pour chacun son prix et sa marque.

La création d'associations

La création d'associations entre plusieurs éléments permet de consolider leur souvenir. C'est une méthode très ancienne pour améliorer, par exemple, le rappel des noms ou prénoms de nouvelles connaissances. Il faut avoir pour objectif l'apprentissage d'un nouveau nom par jour (le nom d'une personnalité, d'un voisin, d'une rencontre...) et associer chaque nom à un indice qui vous aidera à le retrouver facilement. Différents types d'associations sont possibles. On peut associer le nom de la personne :

- au nom d'un animal, d'un lieu ou d'un objet (M. Jadin, qui fait penser au mot jardin) ;
- au nom d'une personne que l'on connaît déjà (M. Albert s'appelle comme l'oncle de mon mari) ;
- à un trait caractéristique de cette personne (Mme. Gros, qui est forte).

De la même façon, au lieu de créer une association, on peut également établir une relation logique (Mme Olivier que vous avez rencontrée au parc).

La création d'associations peut aussi être utilisée pour apprendre une liste de mots. On peut ainsi essayer de construire une phrase en associant plusieurs des mots de la liste à mémoriser ou bâtir un petit récit qui permettra de se souvenir des mots. On peut aussi tenter d'associer les mots à des lieux connus en associant le mot à mémoriser à une pièce ou à un objet familier dans cette pièce.

La ritualisation des tâches routinières

Afin de ne plus égarer ses clés, ses lunettes ou encore son courrier important, la façon la plus sûre est de poser ces objets systématiquement à la même place, et mieux encore dans un lieu en rapport avec leur fonction. C'est le fait de les poser machinalement quelque part en pensant à autre chose qui perturbe le souvenir de leur emplacement. De même, le fait de garder ses clés à la main, par exemple, peut conduire à les perdre ou à les mettre n'importe où. Si, malgré ces précautions, il vous arrive encore de ne pas retrouver vos clés ou vos lunettes, il faut essayer de vous remémorer ce que vous étiez en train de faire quand vous les avez posées quelque part !

Afin de ne pas oublier de faire des tâches courantes, comme arroser les plantes ou prendre des médicaments, il faut accomplir la tâche toujours à la même heure en liaison avec un événement particulier : toujours prendre ses médicaments après le déjeuner, ou arroser les plantes après telle émission hebdomadaire que l'on a l'habitude de regarder.

L'utilisation régulière des connaissances

Chacun a en stock un grand nombre de connaissances, lequel ne cesse de s'enrichir au fil des années. Si les connaissances sont ensuite régulièrement et activement utilisées, elles sont facilement accessibles. En revanche, des connaissances apprises et jamais utilisées durant des années seront difficiles à récupérer et oubliées.

L'importance des repères spatiaux et temporels dans le rappel des informations

Nous avons vu précédemment qu'il était important que le contexte d'apprentissage de l'information ne diffère pas trop du contexte de rappel. Se remémorer le contexte aide souvent à se souvenir de la situation vécue.

De la même façon, prendre des repères spatiaux et temporels au moment de l'encodage est profitable. Ainsi, pour se souvenir de l'endroit où l'on a garé sa voiture par exemple, il est utile de prendre des points de repère au moment de se garer. Pour se souvenir d'un parcours non familier (dans les rues d'une ville inconnue), il faut se retourner régulièrement sur le parcours afin de voir à quoi il ressemble dans le sens du retour.

L'emplacement de la mémoire dans le cerveau

Si l'on sait aujourd'hui que le siège de la mémoire n'est pas le cœur, comme on le pensait à l'époque d'Aristote, mais plutôt cette structure extrêmement complexe qu'est le cerveau, la mémoire a suscité bien d'autres questionnements, comme celui de connaître le lieu exact de stockage des souvenirs.

Or, les recherches et les apports des techniques d'imagerie cérébrale ont montré que la mémoire n'est pas liée au fonctionnement d'une zone particulière du cerveau mais de l'ensemble de l'encéphale.

Les structures cérébrales impliquées dans les phénomènes de mémorisation seraient différentes selon le type de mémoire engagée.

Stockage des informations

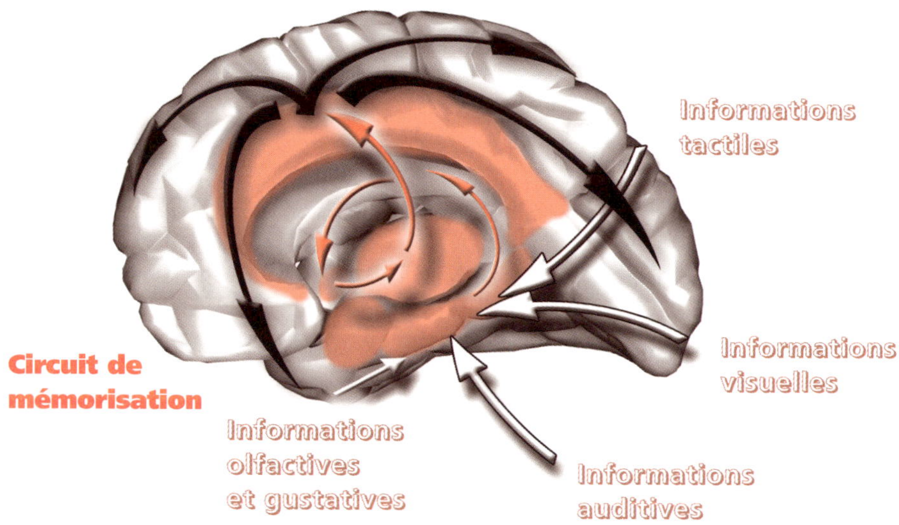

Les recherches ont montré qu'un ensemble de structures internes du cerveau, formant un circuit que l'on appelle « le système limbique », jouerait un rôle fondamental dans la mémoire et les émotions. L'hippocampe est l'une des structures importantes de ce système limbique, car des chercheurs ont observé que sa lésion provoquait un syndrome amnésique.

Les interactions de la mémoire avec les autres fonctions cognitives

La mémoire est en constante interaction avec la plupart des autres habiletés intellectuelles, que ce soit pour raisonner (garder les données du problème en mémoire, rechercher une solution en mémoire), lire (garder le souvenir de ce que nous venons de lire pour comprendre la suite), discuter (utiliser le stock de connaissances que nous avons en mémoire), imaginer (se représenter l'image de quelqu'un d'après son image stockée dans notre mémoire)… Elle interagit particulièrement avec le langage, l'attention et la perception, comme nous allons le voir.

La mémoire et le langage

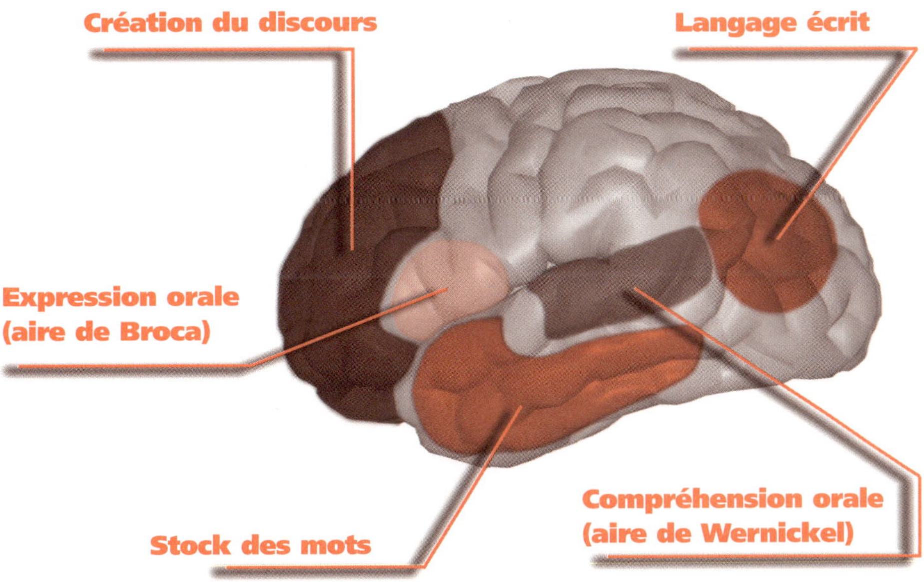

Le langage constitue la caractéristique humaine par excellence. Cette faculté est par essence fortement liée à la mémoire. Pour pouvoir communiquer, c'est-à-dire s'exprimer et comprendre, que ce soit à l'oral ou à l'écrit, il est en effet nécessaire de pouvoir accéder à une base de connaissances. Cette base de connaissances est stockée dans notre mémoire. Elle contient tous les mots que nous avons emmagasinés pendant des années, mais également toutes les informations sur ces mots, à savoir leur(s) signification(s), leurs synonymes, les mots de la même famille, la façon dont ces mots s'écrivent, se prononcent, les règles relatives à leur emploi…

Dans le cadre d'une conversation par exemple, le langage nous permet ainsi de créer des phrases en choisissant dans notre stock de mots ceux qui sont les plus appropriés aux interlocuteurs et aux circonstances. Puis, nous organisons ces mots entre eux en respectant les règles de la grammaire.

Le lexique mental correspond simplement au stock de mots dont chacun dispose pour communiquer. Il est important d'utiliser régulièrement ce stock de mots et de l'enrichir continuellement. En effet, les mots, comme toute connaissance, s'oublient lorsqu'ils sont rarement utilisés. Ainsi, au cours d'une conversation, il arrive que l'on souhaite utiliser un mot particulier, mais que l'on ne parvienne pas à le récupérer de sa mémoire. Il reste alors, de façon imagée, « sur le bout de la langue ». C'est la preuve que ce mot est bien dans notre mémoire, mais que c'est son accès qui est difficile, du fait de facteurs tels qu'un faible usage de ce mot, une utilisation ancienne de celui-ci, une mauvaise concentration, la fatigue, les circonstances interférentes…

Par ailleurs, il est utile d'avoir un stock de mots étendu et varié en mémoire, et cela pour plusieurs raisons. En effet, plus le nombre de mots que nous connaissons est important :

- plus variée et riche sera notre expression, aussi bien à l'oral qu'à l'écrit ;
- meilleure sera notre compréhension du sens d'une conversation, d'une conférence ou d'un texte (notices, romans, articles…) ;
- plus développée sera notre culture générale.

… À condition, bien entendu, de pouvoir associer à chaque mot de son lexique son sens exact et inversement.

Lorsqu'un nouveau mot est appris, il devra être utilisé dans la vie quotidienne, régulièrement si possible, afin que ne soient pas immédiatement oubliés ce mot et sa signification !

On peut entretenir son lexique de mots de diverses manières :

- énumérer, par exemple, de façon spontanée tous les noms de fleurs, d'arbres ou d'animaux que l'on connaît, ou bien trouver tous les synonymes d'un verbe ou les adjectifs décrivant un objet. Si l'on ne s'adonne à ce petit exercice qu'une fois tous les dix ans, il est normal qu'il soit plus difficile que si on le pratique tous les mois ;

- à partir d'une lettre ou d'une racine, composer le plus grand nombre de mots possible. Pour cela, l'énonciation à haute voix peut activer la mémoire des sons des mots. Ainsi, si je dis « LI », instantanément je m'entends prononcer « LAS » [lilas] ou bien « BRE » [libre], ce qui me permet d'activer dans mon fichier de mots tous les dérivés du mot libre : « liberté, libération, libéral... ». Dans notre mémoire nous tenons en effet, en des lieux différents, trois fichiers distincts de mots : un fichier pour l'orthographe, un pour les sons (phonétique), le troisième pour le sens des mots (sémantique) ;

- les mots croisés, les mots fléchés ou le Scrabble® sont également de bons moyens de travailler la mémoire du langage.

La lecture est une activité de langage courante dans laquelle la mémoire joue un rôle prépondérant. D'une part, la mémoire nous permet de retenir temporairement la phrase que nous venons de lire afin d'assurer une cohérence avec la suivante. D'autre part, elle conserve à plus long terme les idées générales d'un texte et rend ainsi possible la construction d'un résumé. Nos connaissances des mots et des règles grammaticales stockées en mémoire nous permettent aussi de repérer les fautes d'orthographe ou de syntaxe.

De la même façon, nos connaissances de langage jouent un rôle non négligeable pour favoriser la mémorisation d'un texte. Ainsi, pour bien mémoriser un texte lu, il est nécessaire de bien le comprendre. Mais qu'est-ce que comprendre un texte ?

Ce n'est pas seulement lire des mots dont on connaît l'orthographe et le sens. C'est également identifier les liens existant entre ces mots.

C'est enfin donner un sens global à l'enchaînement des phrases en s'aidant de ses propres connaissances. Il semble en effet normal que ce que nous savons nous aide à interpréter ou à éclairer le sens de ce que nous lisons.

La compréhension est donc un processus double : c'est à la fois l'organisation de ce qui est lu en un ensemble ayant un sens et, dans le même temps, l'ajustement, l'interprétation et le renforcement de ce sens en fonction de ce qui est déjà connu par le lecteur dans le domaine traité par le texte lu.

Lorsque nous lisons, de façon presque automatique, nous accordons de l'importance à certains mots plus qu'à d'autres. C'est le cas des verbes car, bien souvent, c'est leur enchaînement qui permet de dégager l'idée générale de l'histoire lue et de la structure de l'action qui se développe.

Une bonne manière de mémoriser un texte lu est de retenir le squelette constitué par la suite des verbes. Quelques-uns, par leur seule évocation, suffiront à retrouver le fil conducteur. Puis, la recherche de l'ordre logique de présence des verbes dans le texte aidera à réactiver en mémoire l'histoire ou le texte lu.

Nos connaissances de langage vont nous aider à la mémorisation de listes ou de séries (liste des commissions, série de chiffres...), tout comme notre capacité à regrouper de façon logique des éléments à mémoriser.

La mémoire et l'attention

Au regard de ce que nous venons de voir jusqu'à présent, il s'ensuit que la mémoire et l'attention ne peuvent réellement être envisagées indépendamment. En effet, lorsque l'on veut bien se souvenir d'une information, cela nécessite d'y porter beaucoup d'attention lors de son encodage.

Il est évident que l'attention a d'autant moins de mal à être mobilisée que l'intérêt, le besoin ou la motivation que l'on porte à l'information à apprendre est important. Ainsi, plus l'on montre de l'intérêt pour un domaine, plus grandes seront les facilités à mémoriser des informations concernant ce domaine, et plus durable sera leur souvenir.

L'attention est également essentielle lorsque l'on souhaite réaliser simultanément une activité de mémorisation et une autre activité.

Le manque d'attention, de concentration, engendre de mauvaises performances de mémoire. Ainsi, on oublie ce que l'on vient de lire ou d'entendre, ou le fait qu'un plat est en train de cuire dans le four...

Ce manque d'attention s'explique par une sensibilité accrue aux interférences, si bien que nous sommes facilement distrait par une autre source d'information, comme une pensée qui nous vient à l'esprit ou une personne qui entre dans la pièce dans laquelle nous nous trouvons.

La mémoire et la perception

Il faut initialement bien percevoir – quel que soit le domaine sensoriel en question (vision, audition…) – un élément pour pouvoir en garder une trace en mémoire. Le lien entre mémoire et perception est évident. La perception va nous permettre d'emmagasiner une multitude d'informations dont certaines laisseront des souvenirs conscients ou inconscients.

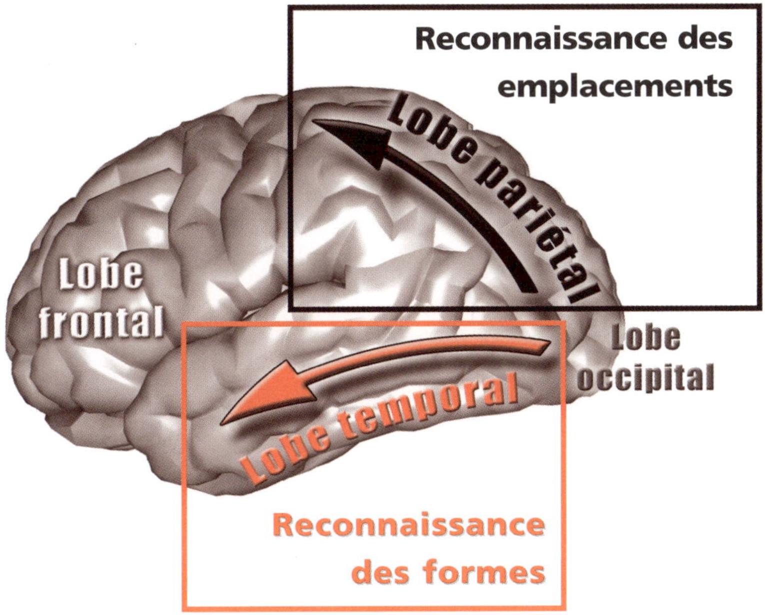

La perception est aussi la première étape dans la reconnaissance d'une information. Au niveau visuel par exemple, lorsque l'on est face à un objet donné, c'est la recherche automatique au sein de notre mémoire qui va nous permettre de décider si cet objet est familier / connu ou nouveau ; ensuite, si l'objet est reconnu comme étant familier, on accédera en mémoire au nom de l'objet et à ses propriétés.

La mémoire, une force vulnérable !

La mémoire présente deux caractéristiques qui semblent pour le moins opposées : la force et la vulnérabilité.

Sa force

La force de la mémoire est indiscutable, en cela qu'elle permet d'enregistrer une **quantité illimitée** d'informations, de souvenirs, de connaissances, de façon **durable et stable à travers le temps**. Il est bon de souligner, même si on le sait, qu'elle permet de se souvenir des expériences d'une vie entière, pendant toute une vie !

> *« Grande est la puissance de la mémoire, une chose redoutable,*
> *Ô mon Dieu, une diversité profonde et sans limite ;*
> *Et cette chose est l'esprit, et c'est ce qui fait ce que je suis. »*
>
> **Saint Augustin,** *Les Confessions.*

Par ailleurs, une simple expérience sensorielle, c'est-à-dire concernant un de nos sens (vue, ouïe, goût…) peut faire émerger involontairement, et de façon intacte, un souvenir ancien auquel nous n'avions jamais repensé. C'est ce qu'illustre Proust (voir encadré ci-dessous) qui, par le simple fait de goûter une madeleine, se remémore des souvenirs profonds appartenant à son enfance.

UN EXEMPLE DE LA FORCE DES SOUVENIRS : LA MÉMOIRE INVOLONTAIRE DE LA MADELEINE DE PROUST

LA MADELEINE DE PROUST

« [...] Ce goût, c'était celui du petit morceau de madeleine que le dimanche matin à Combray (parce que ce jour-là je ne sortais pas avant l'heure de la messe), quand j'allais lui dire bonjour dans sa chambre, ma tante Léonie m'offrait après l'avoir trempé dans son infusion de thé ou de tilleul. La vue de la petite madeleine ne m'avait rien rappelé avant que je n'y eusse goûté ; peut-être parce que, en ayant souvent aperçu depuis, sans en manger, sur les tablettes des pâtissiers, leur image avait quitté ces jours de Combray pour se lier à d'autres plus récents ; [...] Mais, quand d'un passé ancien rien ne subsiste, après la mort des êtres, après la destruction des choses, seules, plus frêles mais plus vivaces, plus immatérielles, plus persistantes, plus fidèles, l'odeur et la saveur restent encore longtemps, comme des âmes, à se rappeler, à attendre, à espérer, sur la ruine de tout le reste, à porter sans fléchir, sur leur gouttelette presque impalpable, l'édifice immense du souvenir. »

Marcel Proust, *À la recherche du temps perdu : Du côté de chez Swann,* 1913.

Sa vulnérabilité

Mais la mémoire est également vulnérable ! En dehors de toutes les conditions défavorables à la mémorisation que nous avons répertoriées précédemment, la mémoire n'est pas à l'abri d'un manque de fiabilité. Ainsi, tout est possible : faux souvenirs, fabulations, distorsions et fausses reconnaissances.

La mémoire de l'enfant

Les expériences ont montré que les enfants, dès le plus jeune âge (enfants âgés d'un jour), montrent une préférence naturelle pour la nouveauté. Préférer les choses nouvelles implique qu'il y ait eu mémorisation des choses déjà vues. Les enfants commencent donc à former des souvenirs très précocement. Rovee-Collier (1989[3]) montrait en effet que les enfants âgés de 2 à 4 mois, dont la cheville était reliée au mobile placé au-dessus de leur berceau par une corde, apprenaient la corres-

3 Rovee-Collier, C. (1989). The Joy of Kicking: Memories, Motives and Mobiles. In P. R. Solomon, G. R. Goethals, C. M. Kelley, et B. R. Stephens (eds), Memory: Interdisciplinary Approaches. New York: Springer Verlag.

pondance entre le fait de bouger le pied et la mise en mouvement du mobile. Ainsi, le nombre de coups de pied que l'enfant donnait doublait quand leur cheville était reliée au mobile.

La mémoire de l'enfant va progressivement s'améliorer avec le développement, grâce à l'émergence de stratégies de mémorisation de plus en plus adaptées pour apprendre une information, la retenir et la rappeler. L'utilisation spontanée de la stratégie de répétition, par exemple, apparaît vers 7 ans, alors que celles concernant le regroupement par catégorie n'apparaissent que vers 11 ans.

En grandissant, l'enfant a une meilleure appréciation des capacités et des limites de sa propre mémoire. Au fur et à mesure, il connaît mieux les circonstances qui peuvent influencer sa mémoire.

À l'âge adulte, nous avons du mal à nous rappeler les événements vécus avant l'âge de 4 ans. Ce phénomène est appelé « amnésie infantile ». Freud l'expliquait en mettant en avant que la période comprise entre 3 et 5 ans correspondait à la résolution du conflit œdipien (désir sexuel envers la mère et crainte du père), et que tout souvenir avant la résolution de ce conflit était refoulé au plus profond de soi. D'autres pensent plutôt que l'oubli de ces événements proviendrait davantage du fait qu'après 4 ans le contexte environnemental est tellement différent de celui du temps où nous étions bébé (dans lequel il y avait berceau, landau, poussette, chaise haute…) que les souvenirs ne peuvent être consolidés correctement.

Quand on ne peut plus compter sur sa mémoire…

… autant qu'avant : Le vieillissement normal ou la fuite du passé

Avec l'avance en âge, on constate un phénomène naturel et normal qui est l'apparition de difficultés de la mémoire. Cette baisse des performances mnésiques a plusieurs causes :

- d'une part, le vieillissement provoque des changements physiologiques notables, tels qu'un ralentissement du métabolisme, une perception plus faible, un déclin des capacités de mémoire (de 20 à 40 % à 70 ans), ainsi qu'une réduction des ressources d'attention. On constate que les personnes âgées ont plus de mal à organiser spontanément l'information à mémoriser. Ils mettent globalement plus de temps pour réaliser une activité ;

- d'autre part, le vieillissement s'accompagne généralement de changements sociaux, psychologiques et affectifs importants. On note ainsi une baisse de l'activité due à l'entrée en retraite, une diminution globale de la motivation, un manque d'optimisme dont la source peut être la perte de proches (amis, famille, conjoint) entraînant l'isolement et la solitude.

Toutefois, toutes les formes de mémoire ne sont pas touchées de la même manière, et cette baisse naturelle des performances de mémoire n'empêche pas de mener une vie normale. La mémoire des procédures (faire du vélo…) et la mémoire culturelle restent de très bonne qualité en dépit du vieillissement.

Avec l'avance en âge, on constate principalement des difficultés dans la réalisation simultanée d'une activité de mémorisation et d'une activité de manipulation de l'information. Cela vient du fait que l'on dispose de moins de ressources d'attention. On constate donc que les adultes âgés ont des difficultés à partager leur attention entre deux tâches, mais aussi à focaliser leur attention sur un objet particulier en empêchant les interférences de les déconcentrer. Ce sont des troubles associés à un déclin de la **mémoire de travail**. Le manque de concentration va favoriser l'émergence de situations d'oublis divers, comme l'endroit où l'on a posé ses lunettes.

On constate également souvent que les mots font défaut aux personnes âgées quand on leur demande, par exemple, de donner le plus grand nombre de mots d'une catégorie donnée ou commençant par une lettre donnée (**mémoire sémantique**). Si on leur donne un mot, les personnes âgées arrivent à fournir une définition, mais si on leur donne une définition, elles auront plus de difficulté à trouver le mot qui correspond. Apparaît alors le phénomène du « mot sur le bout de la langue ». En fait, l'intégrité du stock de connaissances est préservée, mais c'est le chemin d'accès à ces connaissances qui est plus difficile à trouver avec l'âge.

Par ailleurs, l'âge influe aussi sur l'enregistrement et le rappel des connaissances nouvellement acquises (**mémoire épisodique**). On s'aperçoit en fait que cela est dû à de mauvaises stratégies de mémorisation. Si l'on invite l'adulte âgé à faire plus attention au matériel à mémoriser, en utilisant, par exemple, des stratégies de mémorisation comme former une image mentale du mot à retenir, les performances s'améliorent. Il en est de même pour le rappel : si on aide la personne âgée au moment du rappel en lui fournissant des indices servant à récupérer plus facilement l'information en mémoire, les performances s'améliorent. Il s'agit donc toujours d'un problème d'accès à l'information stockée en mémoire, et non d'un problème au niveau des informations elles-mêmes, qui n'ont pas disparu de la mémoire !

Lorsqu'on se plaint de sa mémoire, il faut néanmoins être vigilant et en déterminer la cause (vieillissement normal, dépression, anxiété, fatigue…) en établissant un examen de la mémoire, car les difficultés mnésiques restent bien un des premiers signes de la maladie d'Alzheimer.

Quand on ne peut plus compter sur sa mémoire…

… du tout… ou presque : La démence de type Alzheimer (voir encadré)

Les premiers troubles de la maladie d'Alzheimer concernent la mémoire. Ces troubles s'accompagnent ensuite de difficultés d'orientation dans le temps et l'espace et de troubles de l'attention, du langage, du raisonnement, des gestes… 10 % des plus de 65 ans souffrent de cette maladie, et 20 % des plus de 80 ans.

ALOÏS ALZHEIMER

Neuropsychiatre allemand (Markbreit, 1864 - Breslau, 1915)

Le 25 novembre 1901 est internée, à l'Institut de soins pour fous et épileptiques de l'hôpital psychiatrique de Francfort, une femme de 48 ans, Augusta D., présentant des signes de démence. À cette époque, la démence des sujets âgés est considérée par la plupart des psychiatres comme normale et liée au temps. Le médecin Aloïs Alzheimer interroge et examine cette patiente encore jeune, relevant systématiquement les détails de son histoire clinique.

En 1906, Augusta D. décède. Aloïs Alzheimer pratique l'autopsie de son cerveau, utilisant précisément la technique histologique d'imprégnation argentique. Elle lui permet de mettre en évidence les deux caractéristiques cérébrales de la maladie : amas anormaux de fibrilles dans les neurones (dégénérescence fibrillaire) et plaques séniles constituées de dépôts de protéines toxiques entre les cellules nerveuses.

C'est Emil Kraepelin qui proposera plus tard d'appeler « maladie d'Alzheimer », cette démence précoce particulière découverte par son confrère et ami.

L'atrophie de certaines parties du cerveau est la conséquence de la mort de nombreux neurones. On observe chez ces patients des plaques séniles ainsi qu'une accumulation de fibrilles au sein des neurones dans de nombreuses structures cérébrales, en particulier l'hippocampe.

L'organisation des connaissances sémantiques se dégrade progressivement. Ainsi, les personnes atteintes de cette maladie finissent par ne plus savoir à quoi servent les objets dont on leur donne le nom, puis elles n'arrivent plus à dire que tel objet appartient à telle catégorie (par exemple, dire que le mot « marteau » est un outil). Elles ont du mal à identifier et à dénommer des images d'objets, à énumérer des mots commençant par une lettre ou appartenant à une catégorie donnée, mais aussi à fournir la définition d'un mot donné. Ainsi, non seulement il y a une difficulté accrue à accéder au stock de connaissances en mémoire, comme dans le vieillissement normal, mais en plus, il semble qu'il y ait une détérioration du stock même.

Les performances dans les tâches nécessitant une division de l'attention sont beaucoup plus faibles que celles des sujets âgés normaux. De même, la mémoire épisodique des personnes atteintes de la maladie d'Alzheimer est déficiente et inférieure à celle des personnes âgées normales tant d'un point de vue quantitatif que qualitatif. La démence de type Alzheimer est donc beaucoup plus grave que le vieillissement normal. C'est une maladie à part entière, et non l'aboutissement inévitable du vieillissement humain.

Le syndrome amnésique

Les troubles de la mémoire peuvent également intervenir suite à une atteinte de certaines régions cérébrales, atteinte qui peut avoir des origines multiples.

Les personnes amnésiques font preuve de capacités intellectuelles normales, mais avec une atteinte souvent sévère de la mémoire à long terme.

L'**amnésie rétrograde** correspond à la difficulté à évoquer les expériences vécues avant la lésion cérébrale. Il s'agit donc d'oubli des souvenirs anciens. Les souvenirs passés les plus récents sont néanmoins plus affectés que les souvenirs passés les plus anciens. L'**amnésie antérograde** correspond à la difficulté à évoquer les événements récents, survenus après la lésion cérébrale. Il s'agit ici de difficultés à acquérir de nouveaux souvenirs. La personne amnésique présente une amnésie antérograde, éventuellement associée à une amnésie rétrograde.

Le syndrome amnésique est provoqué par une lésion cérébrale (lésion du « lobe médio-temporal » ou lésion du « diencéphale »). D'autres amnésies peuvent être dues à des lésions du lobe frontal.

Les lésions peuvent avoir plusieurs causes : un abus d'alcool (syndrome de Korsakoff), une intervention chirurgicale, une tumeur cérébrale (par écrasement des structures cérébrales), un accident vasculaire cérébral (obturation d'une artère irriguant le cerveau ou hémorragie cérébrale), un traumatisme crânien.

Toutefois, la mémoire procédurale de personnes amnésiques est préservée, ce qui leur permet, par exemple, d'apprendre à utiliser un ordinateur. Cela leur est très utile pour compenser leur mémoire défaillante et améliorer leur quotidien.

Exercer sa mémoire

Niveau facile

QCM CULTUREL

Pouvez-vous trouver, parmi les **3 propositions**, la bonne réponse à ces **5 questions** de culture générale ?

Qui est l'auteur du roman *Germinal* ?

Émile Zola	**Stendhal**	**Victor Hugo**

Sur quel type de navire Christophe Colomb s'est-il embarqué pour rejoindre l'Amérique ?

goélette	**caravelle**	**trimaran**

Dans quelle discipline sportive David Douillet s'est-il illustré ?

judo	**escrime**	**karaté**

Lequel de ces serpents n'est pas mortel pour l'homme ?

vipère	**cobra**	**couleuvre**

D'où vient le tiramisu, délicieux gâteau au chocolat et au café ?

Corée	**Japon**	**Italie**

QCM CULTUREL

Pouvez-vous trouver, parmi les **3 propositions**, la bonne réponse à ces **5 questions** de culture générale ?

Quelle était la nationalité d'Hergé, le célèbre inventeur de Tintin ?

française	**suisse**	**belge**

Lequel de ces animaux n'est pas un insecte ?

araignée	**puce**	**papillon**

Lequel de ces personnages n'a pas été imaginé par Walt Disney ?

Donald Duck	**Pluto**	**Popeye**

À quel siècle vécut Mozart ?

XVIIe	**XVIIIe**	**XIXe**

De quel roi de France la marquise de Maintenon devint-elle l'épouse ?

Louis XIV	**Louis XV**	**Charles X**

QUIZ CULTUREL

Pouvez-vous répondre à ces **5 questions** de culture générale ?

Qui chante *Les jolies colonies de vacances* ?

Votre réponse : ....

Quelle boisson obtient-on en mélangeant du vin blanc et de la crème de cassis ?

Votre réponse : ....

Quelle ville du Sud de la France est célèbre pour son festival de théâtre ?

Votre réponse : ....

Quel animal fabuleux, mi-homme, mi-lion, garde les célèbres pyramides de Gizeh ?

Votre réponse : ....

Quelle est la formule chimique de l'eau ?

Votre réponse : ....

QUIZ CULTUREL

Pouvez-vous répondre à ces **5 questions** de culture générale ?

À quel réalisateur français doit-on *L'Ours*, sorti en 1988 ?

Votre réponse : ....

Quel est le premier livre de la Bible ?

Votre réponse : ....

Dans quelle ville d'Europe peut-on visiter le palais des Doges ?

Votre réponse : ....

Comment se nomment les illustrations souvent fines et rehaussées d'or qui ornent les manuscrits médiévaux ?

Votre réponse : ....

Dans quel État américain la ville de Dallas se trouve-t-elle ?

Votre réponse : ....

TROUVEZ LES VILLES

Pouvez-vous retrouver le nom de chacune des **10 villes de France** représentées ici par un point noir ?

ANACHRONISMES

Pouvez-vous répondre aux questions suivantes en **évitant les anachronismes** ?

1 - Marilyn Monroe aurait-elle pu surfer sur Internet ? Oui/Non

2 - Lady Di aurait-elle pu payer en euros ? Oui/Non

3 - Louis XI aurait-il pu demeurer au château de Versailles ? Oui/Non

4 - Marie-Antoinette aurait-elle pu se faire vacciner contre la rage ? Oui/Non

5 - Albert Einstein aurait-il pu téléphoner ? Oui/Non

6 - Staline aurait-il pu visiter la tour Eiffel ? Oui/Non

7 - Georges Pompidou aurait-il pu rouler sur une autoroute ? Oui/Non

8 - Rabelais aurait-il pu rencontrer Molière ? Oui/Non

9 - Marcel Proust aurait-il pu utiliser un fusil ? Oui/Non

10 - Léon Blum aurait-il pu prendre l'ascenseur ? Oui/Non

11 - Jules César aurait-il pu parler français ? Oui/Non

12 -Toutankhamon aurait-il pu voir un mammouth vivant ? Oui/Non

13 - Molière aurait-il pu faire imprimer ses pièces de théâtre ? Oui/Non

14 - Galilée aurait-il pu prendre l'avion ? Oui/Non

15 - George Sand aurait-elle pu porter une minijupe ? Oui/Non

16 - L'impératrice Sissi aurait-elle pu poser pour Pablo Picasso ? Oui/Non

17 - Serge Gainsbourg aurait-il pu voir E.T. l'extraterrestre ? Oui/Non

18 - Émile Zola aurait-il pu boire du café ? Oui/Non

19 - Racine aurait-il pu lire *Les Misérables* ? Oui/Non

20 - Louis XIV aurait-il pu prendre part aux croisades ? Oui/Non

ANACHRONISMES

Pouvez-vous répondre aux questions suivantes en **évitant les anachronismes** ?

1 - Jeanne d'Arc aurait-elle pu voir l'arc de triomphe de l'Étoile ? Oui/Non

2 - Claude Monet aurait-il pu bénéficier des congés payés ? Oui/Non

3 - Victor Hugo aurait-il pu assister à une représentation du *Cid* ? Oui/Non

4 - Sénèque et Clovis auraient-ils pu se rencontrer ? Oui/Non

5 - Greta Garbo aurait-elle pu manger des plats surgelés ? Oui/Non

6 - Ramsès II aurait-il pu être catholique ? Oui/Non

7 - Un empereur inca aurait-il pu habiter à Brasília ? Oui/Non

8 - Jacques Brel aurait-il pu conduire un side-car ? Oui/Non

9 - L'empereur Néron aurait-il pu boire du vin ? Oui/Non

10 - Georges Brassens aurait-il pu voir le film *Sept ans au Tibet* ? Oui/Non

11 - Louis XIII aurait-il pu résider au château de Blois ? Oui/Non

12 - Charlemagne aurait-il pu jouer du piano ? Oui/Non

13 - François Mitterrand aurait-il pu aller au festival d'Avignon ? Oui/Non

14 - Fred Astaire aurait-il pu lire *Astérix* ? Oui/Non

15 - Voltaire aurait-il pu porter des lunettes ? Oui/Non

16 - Corneille aurait-il prier à Notre-Dame de Paris ? Oui/Non

17 - Lafayette aurait-il pu écouter un concert à l'opéra Bastille ? Oui/Non

18 - Lénine aurait-il pu voir la pyramide du Louvre ? Oui/Non

19 - Charles Baudelaire aurait-il pu posséder un violon ? Oui/Non

20 - La Fontaine aurait-il pu porter un bermuda ? Oui/Non

TROUVEZ L'INTRUS

Pouvez-vous **déterminer l'intrus** qui se cache parmi chaque groupe de mots ?
Justifiez votre choix.

citron	**orange**	**mandarine**	**pamplemousse**	**melon**

Votre réponse : ....

rubis	**topaze**	**saphir**	**diamant**	**émeraude**

Votre réponse : ....

Mongolie	**Laos**	**Sri Lanka**	**Nouvelle-Zélande**	**Cambodge**

Votre réponse : ....

André Agassi	**Luc Alphand**	**Guy Forget**	**Boris Becker**	**Pete Sampras**

Votre réponse : ....

buse	**aigle**	**faucon**	**vautour**	**merle**

Votre réponse : ....

TROUVEZ L'INTRUS

Pouvez-vous **déterminer l'intrus** qui se cache parmi chaque groupe de mots ?
Justifiez votre choix.

fémur	**biceps**	**omoplate**	**radius**	**péroné**

Votre réponse : ....

cerisier	**pommier**	**prunier**	**oranger**	**peuplier**

Votre réponse : ....

Pâques	**Noël**	**Toussaint**	**Pentecôte**	**Yom Kippour**

Votre réponse : ....

millimètre	**quintal**	**décigramme**	**tonne**	**kilogramme**

Votre réponse : ....

Claude Lelouch	**Luc Besson**	**Patrice Leconte**	**Maurice Béjart**	**Claude Chabrol**

Votre réponse : ....

TROUVEZ L'INTRUS

Pouvez-vous **déterminer l'intrus** qui se cache parmi chaque groupe de mots ?
Justifiez votre choix.

Claude Debussy	**Auguste Renoir**	**Claude Monet**	**Edgar Degas**	**Édouard Manet**

Votre réponse : ....

riz	**maïs**	**blé**	**avoine**	**radis**

Votre réponse : ....

Barcelone	**Madrid**	**Alicante**	**Venise**	**Séville**

Votre réponse : ....

siamois	**doberman**	**teckel**	**dalmatien**	**épagneul**

Votre réponse : ....

fer	**calcaire**	**plomb**	**argent**	**aluminium**

Votre réponse : ....

MOITIÉ - MOITIÉ

Pouvez-vous compléter par un mot le nom de ces **villes de France** ?

Aulnay-sous-..

Salon-de-..

Clermont-..

Vaux-le-..

Marne-la-..

Rueil- ....

Auvers-sur-..

La Ferté- ....

Palavas-les- ....

Juan-les-..

Pouvez-vous compléter par un mot ces **expressions françaises** bien connues ?

Être dans de beaux..

Prêter main-..

Avoir du pain sur la..

Marcher à pas de..

Couper la poire en..

Se crêper le..

Faire la sourde..

Avoir un chat dans la..

Passer au peigne..

Tailler le bout de..

MOITIÉ - MOITIÉ

Pouvez-vous compléter par un mot ces **noms de spécialités culinaires** ?

Brandade de...

Banana...

Hachis...

Céleri...

Chili con..

Paupiette de..

Rouleau de..

Osso-...

Baba au..

Poire-belle-...

Pouvez-vous compléter par un mot ces **titres de chansons françaises** ?

Allô maman...

Sous le soleil..

Il jouait du piano...

Quand la musique est..

La poupée qui fait..

On ira tous au..

Gare au..

Comment te dire..

Siffler sur la..

Le petit pont de...

QUI SUIS-JE ?

Pouvez-vous trouver le **nom d'un personnage** d'après les indications biographiques suivantes ?

Je suis une actrice américaine née Norma Jean Baker à Los Angeles en 1926. Née de père inconnu, ma mère me place dès ma naissance et jusqu'à l'âge de 7 ans en nourrice dans une famille. Elle ne m'en retire que pour me confier à la Maison des orphelins d'Hollywood. À partir de 1937, j'habite successivement chez plusieurs parents, jusqu'en 1941, où je rencontre, Jim Dougherty, qui deviendra mon mari l'année suivante. Je n'ai alors que 16 ans.

Je débute ma carrière à Hollywood en tant que mannequin dans la photographie en 1944. L'année suivante, je divorce et me dirige vers le cinéma. En 1946, je signe mon premier contrat avec la 20th Century Fox et choisis comme pseudonyme le nom de jeune fille de ma mère.

Ma carrière a beaucoup de mal à décoller. J'enchaîne les petits rôles jusqu'à ma rencontre avec le producteur Johnny Hyde, qui m'obtient plusieurs rôles et me fait signer un contrat avec la Fox.

C'est en 1952 que j'accède finalement à la célébrité grâce au film *Niagara*, suivi de *Les hommes préfèrent les blondes*. En 1954, j'épouse Joe di Maggio, célèbre joueur de base-ball américain. Le divorce sera prononcé à peine quelques mois plus tard, alors que sort le film le plus mythique de ma carrière, *Sept ans de réflexion*.

En 1955, je m'installe à New York où je prends des cours de théâtre et où je lance ma société de production. Je rencontre le dramaturge Arthur Miller, que j'épouse en 1956. Je tourne dans *Certains l'aiment chaud*, qui connaît un vif succès. Après mon divorce en 1962, ma relation avec J. F. Kennedy défraie la chronique. Mes caprices et mes retards me valent d'être renvoyée du tournage en cours. Rongée par les médicaments et l'alcool, je suis retrouvée morte le 5 août 1962.

Je suis ....

QUI SUIS-JE ?

Pouvez-vous trouver le **nom d'un personnage** d'après les indications biographiques suivantes ?

Musicien né à Bonn en 1770, je suis l'aîné de sept enfants. Mon père est un musicien alcoolique ; heureusement, ma mère est une femme douce et patiente, je la considère comme une véritable amie. Dès mon plus jeune âge, mon père m'oblige à apprendre la musique, voulant faire de moi un petit prodige à l'instar de Mozart, dont je n'ai pas le génie.

Dès 1778, je donne des concerts. Je commence à composer tout en prenant des cours de musique, jusqu'en 1784, où je suis nommé organiste à la Cour. La mort de ma mère en 1787 me bouleverse et fait de moi le véritable chef de la famille. En 1789, j'intègre l'orchestre lyrique de la Cour. Trois années plus tard, le célèbre compositeur Haydn m'accepte comme élève à Vienne.

Là, mes compositions commencent à connaître un certain succès. Mais ma première symphonie, en 1800, reçoit un accueil mitigé. Ma musique est jugée trop compliquée. Malgré tout, je deviens un interprète et un compositeur recherché.

Dès 1794, mon audition s'affaiblit de façon inquiétante. Je tente de cacher mon problème et de me soigner, sans succès. Je n'arrête cependant pas d'écrire et je compose ma deuxième symphonie. L'écriture de l'opéra *Leonore* se solde par un échec, si bien que je préfère me consacrer aux symphonies, dont ma célèbre *Symphonie pastorale*. Plus tard, je compose des quatuors très bien accueillis.

Malade, sourd, je meurs le 26 mars 1827. Vingt mille personnes assistent à mes funérailles, où sont présents les plus grands compositeurs de l'époque.

Je suis ....

QUE SUIS-JE ?

Pouvez-vous trouver le **titre d'une œuvre** d'après les indications suivantes ?

Je suis une comédie britannique réalisée par Mike Newell en 1993 d'après un scénario de Richard Curtis. Je mets en scène un trentenaire célibataire, Charles (Hugh Grant), qui est régulièrement invité aux mariages de ses amis, arrivant de préférence au milieu de la cérémonie, mais qui n'assiste jamais au sien !

Lors du mariage d'Angus et de Laura, dont il oublie malencontreusement les alliances, Charles tombe sous le charme d'une envoûtante Américaine au gigantesque chapeau noir, Carrie (Andie Mac Dowell).

Après une nuit d'amour, ils croient ne plus jamais devoir se revoir, mais ils se retrouvent par hasard quelques mois plus tard lors d'un autre mariage, où Carrie est venue accompagnée de son fiancé, un riche Écossais beaucoup plus âgé qu'elle.

Après plusieurs mariages, l'amour triomphe finalement et Charles et Carrie s'aimeront, au grand désespoir de Fifi (Kristin Scott Thomas), amoureuse transie de Charles, auquel elle a déclaré sans espoir sa flamme après des années de vaine attente.

Comédie romantique teintée d'humour anglais, je fais à ma sortie l'unanimité auprès des spectateurs et suis plébiscité par la critique. Le charme de mes personnages y est sans doute pour beaucoup...

Je suis ....

QUE SUIS-JE ?

Pouvez-vous trouver le **titre d'une œuvre** d'après les indications suivantes ?

Je suis une comédie-ballet en cinq actes, écrite par Molière en 1670. Je suis présentée au public pour la première fois au théâtre du Palais-Royal, à Paris. Je reprends le thème de l'amour contrarié, cher à mon auteur.

Je mets en scène un riche bourgeois parvenu, qui rêve d'imiter les gens de qualité et pense pouvoir acheter ses qualités d'honnête homme auprès de ses maîtres de musique, de philosophie, d'armes et de danse.

Cet homme borné et sot s'oppose au mariage de sa fille Lucile avec le jeune Cléonte, dont elle est éprise, souhaitant faire d'elle une duchesse. Lui-même espère obtenir les faveurs de Dorimène, marquise qu'il courtise assidûment.

L'arrivée de Covielle, le serviteur, déguisé en Grand Turc, va venir bouleverser le cours des événements et permettre aux deux jeunes amants de se marier, en bernant M. Jourdain, le père de Lucile.

Des intermèdes dansés entre chaque acte me donnent un dynamisme plaisant. Les turqueries et le ton léger m'ont apporté un vif succès dès ma création, mais le thème du parvenu fait de moi une pièce intemporelle.

Je suis ....

VRAI OU FAUX

Pouvez-vous déterminer si les **affirmations** suivantes sont **vraies ou fausses** ?

1 - La trompette de la mort est un champignon vénéneux. Vrai/Faux

2 - La grenouille est un reptile. Vrai/Faux

3 - C'est à Georges Brassens que l'on doit *Les sabots d'Hélène*. Vrai/Faux

4 - Louis Pasteur a découvert le vaccin contre la rage. Vrai/Faux

5 - Le symbole chimique du dioxyde de carbone est CO_2. Vrai/Faux

6 - La laie est la femelle du sanglier. Vrai/Faux

7 - En argot, une « tuile » désigne un ennui. Vrai/Faux

8 - Bombay est la capitale de l'Inde. Vrai/Faux

9 - La Saint-Sylvestre est célébrée le 31 décembre. Vrai/Faux

10 - *Le Seigneur des anneaux* est une trilogie. Vrai/Faux

11 - La femme du roi Arthur se prénomme Geneviève. Vrai/Faux

12 - Serge Blanco s'est illustré en tant que rugbyman. Vrai/Faux

13 - Honoré de Balzac est l'auteur de *Madame Bovary*. Vrai/Faux

14 - La sauterelle est parfois surnommée « bête à bon Dieu ». Vrai/Faux

15 - Joséphine de Beauharnais était l'épouse du roi Louis-Philippe. Vrai/Faux

16 - L'écuyer de Don Quichotte se nomme Sancho Pança. Vrai/Faux

17 - Un pédiatre est un médecin spécialiste des maladies infantiles. Vrai/Faux

18 - La rosette est une spécialité charcutière de la ville de Lyon. Vrai/Faux

19 - Sur le drapeau canadien se trouve une feuille de platane. Vrai/Faux

20 - Avant d'être un musée, le Louvre était une résidence royale. Vrai/Faux

VRAI OU FAUX

Pouvez-vous déterminer si les **affirmations** suivantes sont **vraies ou fausses** ?

1 - David Trézéguet est un joueur de football. Vrai/Faux

2 - L'escargot est un insecte. Vrai/Faux

3 - Louis XIV a succédé à Louis XV. Vrai/Faux

4 - Dakar est la capitale du Maroc. Vrai/Faux

5 - La mirabelle est une variété de prune. Vrai/Faux

6 - Un astronome prédit l'avenir. Vrai/Faux

7 - Patricia Kaas est originaire de Toulon. Vrai/Faux

8 - Léonard de Vinci était un peintre impressionniste. Vrai/Faux

9 - Junon est l'épouse de Jupiter. Vrai/Faux

10 - On offre traditionnellement du muguet le 1er avril. Vrai/Faux

11 - Le patinage artistique est une discipline olympique. Vrai/Faux

12 - Platon était un philosophe romain. Vrai/Faux

13 - Un baromètre sert à mesurer une superficie. Vrai/Faux

14 - La *Sagrada Familia* se trouve à Barcelone. Vrai/Faux

15 - Bob Marley était un rocker anglais. Vrai/Faux

16 - Un panaché est composé de bière et de limonade. Vrai/Faux

17 - Madagascar est une île de l'océan Indien. Vrai/Faux

18 - Mata Hari était une célèbre chanteuse indienne. Vrai/Faux

19 - Le mistral est un vent. Vrai/Faux

20 - Le jais est une roche de couleur noire. Vrai/Faux

VRAI OU FAUX

Pouvez-vous déterminer si les **affirmations** suivantes sont **vraies ou fausses** ?

1 - Le phénix est un oiseau fabuleux qui renaît de ses cendres. Vrai/Faux

2 - Sydney est la capitale de l'Australie. Vrai/Faux

3 - Le petit chien blanc d'Obélix se nomme Idéfix. Vrai/Faux

4 - *La Joconde* est exposée au musée du Louvre, à Paris. Vrai/Faux

5 - Harrison Ford incarne Indiana Jones à l'écran. Vrai/Faux

6 - Le petit du cheval est le poney. Vrai/Faux

7 - Napoléon est mort en exil sur l'île d'Elbe. Vrai/Faux

8 - Le Paris-Brest est une course cycliste. Vrai/Faux

9 - Le narcisse est une fleur de couleur rose ou rouge. Vrai/Faux

10 - Le pruneau est une spécialité d'Agen. Vrai/Faux

11 - L'Etna est un volcan situé en Sicile. Vrai/Faux

12 - Le marathon le plus important du monde se court à Chicago. Vrai/Faux

13 - Le lion est un félin. Vrai/Faux

14 - Un diadème est un bijou qui se porte autour du cou. Vrai/Faux

15 - La bigamie est interdite en France. Vrai/Faux

16 - *Je marche seul* est une chanson de Jean-Jacques Goldman. Vrai/Faux

17 - Une encre indélébile part à l'eau. Vrai/Faux

18 - Le nain jaune se joue avec des cartes. Vrai/Faux

19 - Neil Armstrong était un célèbre musicien de jazz. Vrai/Faux

20 - Yannick Noah a remporté une fois le tournoi de Roland-Garros. Vrai/Faux

RETROUVEZ LES ASSOCIATIONS

Pouvez-vous associer chaque **édifice** à une **ville** ?

L'Ermitage	•	•	Rome
La porte de Brandebourg	•	•	Saint-Pétersbourg
La colonne de Trajan	•	•	Grenade
Le palais des Papes	•	•	Berlin
L' Alhambra	•	•	Avignon

Pouvez-vous associer chaque **sportif** à une **discipline** ?

Venus Williams	•	•	cyclisme
Tigger Woods	•	•	football
Richard Virenque	•	•	golf
Laura Flessel	•	•	escrime
David Beckham	•	•	tennis

RETROUVEZ LES ASSOCIATIONS

Pouvez-vous associer chaque **spécialité culinaire** à un **pays** ?

paella	•	•	**Grèce**
moussaka	•	•	**Inde**
lasagnes	•	•	**Espagne**
poulet tandoori	•	•	**Vietnam**
nems	•	•	**Italie**

Pouvez-vous associer chaque **chanteur** à une **chanson** ?

Mylène Farmer	•	•	***Mathilde***
Alain Souchon	•	•	***Tombé pour elle***
Jacques Brel	•	•	***Foule sentimentale***
Gérald de Palmas	•	•	***Sans contrefaçon***
Pascal Obispo	•	•	***Sur la route***

RETROUVEZ LES ASSOCIATIONS

Pouvez-vous associer chaque **œuvre** à un **peintre** ?

Guernica	•	•	**Léonard de Vinci**
La Joconde	•	•	**Sandro Botticelli**
Les Tournesols	•	•	**Claude Monet**
Les Nymphéas	•	•	**Pablo Picasso**
La Naissance de Vénus	•	•	**Vincent Van Gogh**

Pouvez-vous associer chaque **chef d'État** à un **pays** ?

Juan Carlos Ier	•	•	**États-Unis**
Bill Clinton	•	•	**Italie**
Silvio Berlusconi	•	•	**Afrique du Sud**
Boris Eltsine	•	•	**Espagne**
Nelson Mandela	•	•	**Russie**

LE CHAÎNON MANQUANT

Pouvez-vous retrouver **l'élément qui manque** à chacun de ces groupes ?

Frères Dalton :
Joe ; William ; Averell ; ....

Couleurs primaires :
bleu ; jaune ; ....

Pierres précieuses :
diamant ; rubis ; émeraude ; ....

Éléments de la nature :
eau ; air ; feu ; ....

Ingrédients d'un quatre-quarts :
farine ; œufs ; sucre ; ....

Même consigne que précédemment. Cette fois, essayez en plus de **trouver un nom** générique à chaque groupe.

Rhin ; Rhône ; Seine ; Loire ; ....

pouce ; index ; majeur ; annulaire ; ....

Nord ; Sud ; Ouest ; ....

prémolaire ; canine ; molaire ; ....

do ; ré ; mi ; sol ; la ; si ; ....

LE CHAÎNON MANQUANT

Pouvez-vous retrouver **l'élément qui manque** à chacun de ces groupes ?

Pays frontaliers de la Belgique :
France ; Luxembourg ; Pays-Bas ; ....

Trilogie de Marcel Pagnol :
Fanny ; *César* ; ....

Groupes sanguins :
A ; B ; O ; ....

Noms des Beatles :
John Lennon ; George Harrison ; Ringo Starr ; ....

Océans du globe :
Pacifique ; Atlantique ; Arctique ; Antarctique ; ....

Même consigne que précédemment. Cette fois, essayez en plus de **trouver un nom** générique à chaque groupe.

Afrique ; Asie ; Amérique ; Europe ; ....

toucher ; ouïe ; vue ; goût ; ....

printemps ; hiver ; automne ; ....

Atos ; Portos ; ....

carreau ; pique ; cœur ; ....

À VOUS DE RANGER

Pouvez-vous classer tous les mots de la liste ci-dessous en **4 catégories** et donner un **titre** à chacune de ces catégories ?

Alicante ; Berne ; Birmingham ; Cambridge ; Gênes ; Genève ; Grenade ; Lausanne ; Liverpool ; Manchester ; Milan ; Neuchâtel ; Nottingham ; Pise ; Saragosse ; Séville ; Tolède ; Turin ; Vérone ; Zurich

Titre :	**Titre :**	**Titre :**	**Titre :**

À VOUS DE RANGER

Pouvez-vous classer tous les mots de la liste ci-dessous en **4 catégories** et donner un **titre** à chacune de ces catégories ?

Cicéron ; Defoe ; Dickens ; Dostoïevski ; Gogol ; Kipling ; Molière ; Ovide ; Plaute ; Pouchkine ; Prévert ; Proust ; Rimbaud ; Sénèque ; Shakespeare ; Swift ; Tchekhov ; Tolstoï ; Virgile ; Voltaire

Titre :	**Titre :**	**Titre :**	**Titre :**

TROUVEZ LE PAYS

Pouvez-vous trouver à **quels pays** correspondent les fonds de carte présentés ?

Votre réponse : ....

Votre réponse : ....

TROUVEZ LE PAYS

Pouvez-vous trouver à **quels pays** correspondent les fonds de carte présentés ?

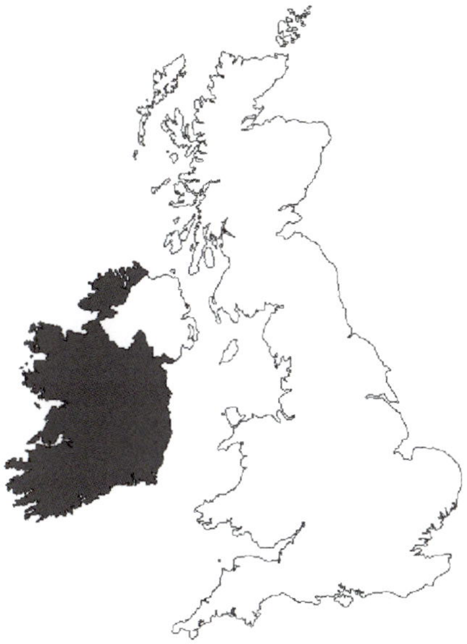

Votre réponse :..

Votre réponse :..

TROUVEZ LA DATE

Pouvez-vous trouver en **quelle année** se sont produits ces événements historiques ? Vous disposez de 3 choix de réponses.

Le sacre de Charlemagne :	**700**	**800**	**900**
Le naufrage du *Titanic* :	**1830**	**1877**	**1912**
Le premier homme sur la Lune :	**1959**	**1969**	**1979**
L'assassinat d'Henri IV :	**1610**	**1700**	**1736**
La chute du mur de Berlin :	**1947**	**1976**	**1989**

Même question que précédemment, mais cette fois sans indices.

Le krach de Wall Street : ....

La prise de la Bastille : ....

La découverte de l'Amérique par Christophe Colomb : ....

Le début de la Seconde Guerre mondiale : ....

La bataille de Marignan : ....

TROUVEZ LA DATE

Pouvez-vous trouver en **quelle année** se sont produits ces événements historiques ? Vous disposez de 3 choix de réponses.

La conférence de Yalta :	**1945**	**1966**	**1992**
Le sacre de Napoléon Ier :	**1792**	**1804**	**1880**
La mort de Lady Di :	**1997**	**2001**	**2002**
La construction de la tour Eiffel :	**1699**	**1703**	**1889**
Le début de la guerre du Golfe :	**1975**	**1980**	**1990**

Même question que précédemment, mais cette fois sans indices.

La destruction du World Trade Center : ....

La révolte des étudiants français : ....

La fin de la Première Guerre mondiale : ....

Les jeux Olympiques d'Albertville : ....

La réélection de Jacques Chirac à la présidence de la République : ....

TROUVEZ LES COUPLES

Pouvez-vous trouver les **20 couples** ou **duos** qui se cachent dans cette grille ?

Tintin	Alain Souchon	Rodrigue	Roger Pierre	Yoko Ono
Juliette	Vénus	Adam	Marie-Antoinette	Romulus
Hardy	Lancelot du Lac	Clyde Barrow	Scarlett O'Hara	Osiris
Rémus	Astérix	Rhett Butler	Jane	Bruce Willis
Tarzan	Jean-Marc Thibault	Yves Montant	Mars	Roméo
Diana Spencer	Laurent Voulzy	Ève	Obélix	Guenièvre
Demi Moore	John Lennon	Isis	Chimène	Bonnie Parker
Louis XVI	Simone Signoret	Milou	Laurel	Prince Charles

Vos réponses : ....

....

....

....

....

TROUVEZ LES COUPLES

Pouvez-vous trouver les **20 couples** ou **duos** qui se cachent dans cette grille ?

Tristan	Philip Mortimer	Jupiter	Jane Birkin	Spirou
Liz Taylor	Starsky	Samson	Tanguy	Joséphine de Beauharnais
Michel Berger	Jules César	Esméralda	Henry IV	Hamlet
Énée	Napoléon Ier	Ulysse	Boule	Jacques Dutronc
Quasimodo	Fantasio	Dupont	France Gall	Didon
Serge Gainsbourg	Marie de Médicis	Yseult	Francis Blake	Hutch
Ophélie	Junon	Richard Burton	Cléopâtre	Dalila
Pénélope	Laverdure	Françoise Hardy	Dupond	Bill

Vos réponses : ....

....

....

....

....

DÉCHIFFREMENT

Pouvez-vous déchiffrer cette citation dont les **lettres** ont été **remplacées** par des **symboles**, sachant qu'une lettre donnée correspond toujours au même symbole ?
Pour vous aider à résoudre cette grille, **3 lettres** sont déjà déchiffrées.

Citation de Jean Cocteau

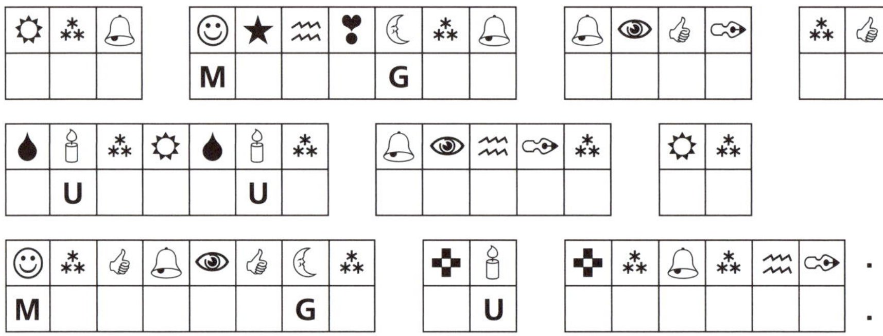

DÉCHIFFREMENT

Pouvez-vous déchiffrer cette citation dont les **lettres** ont été **remplacées** par des **symboles**, sachant qu'une lettre donnée correspond toujours au même symbole ?
Pour vous aider à résoudre cette grille, **3 lettres** sont déjà déchiffrées.

Citation de Pierre Dac

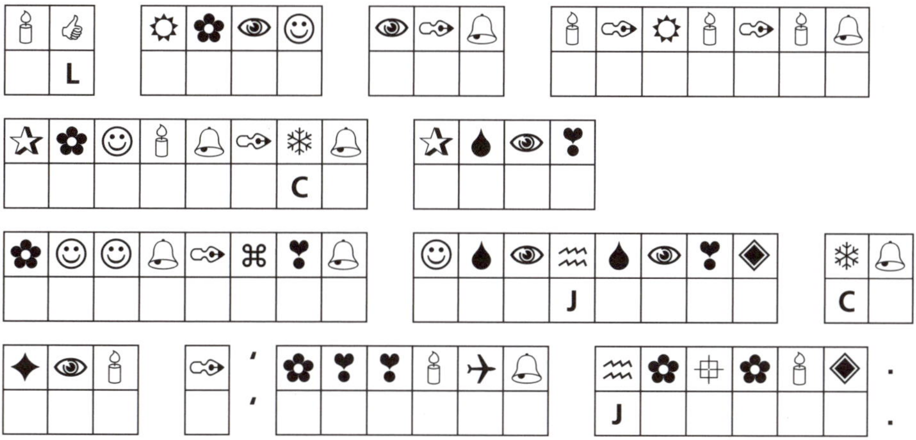

DÉCHIFFREMENT

Pouvez-vous déchiffrer cette citation dont les **lettres** ont été **remplacées** par des **symboles**, sachant qu'une lettre donnée correspond toujours au même symbole ?
Pour vous aider à résoudre cette grille, **3 lettres** sont déjà déchiffrées.

Citation de saint Augustin

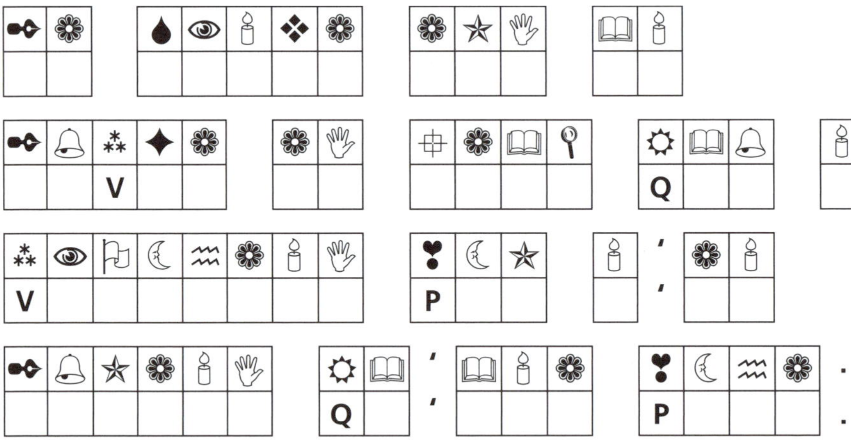

TOURS DE HANOI

Pouvez-vous trouver le **nombre de déplacements d'anneaux nécessaires** pour passer de la configuration A à la configuration B, sachant que :

– les anneaux ne peuvent sortir des tiges que par le haut,
– vous ne pouvez placer un anneau sur un autre qui soit plus petit,
– vous ne pouvez déplacer qu'un seul anneau à la fois.

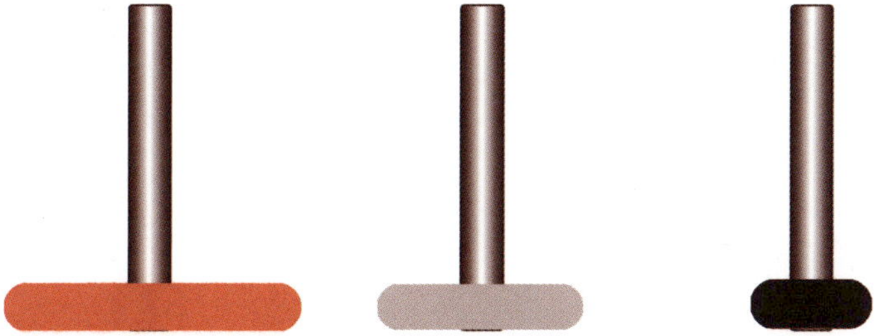

A

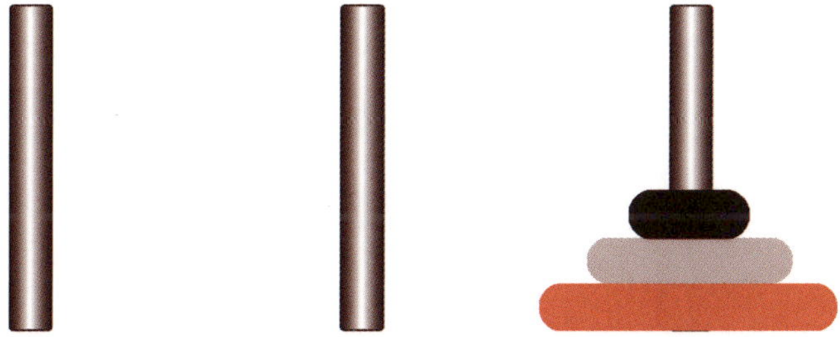

B

ok

TOURS DE HANOI

Pouvez-vous trouver le **nombre de déplacements d'anneaux nécessaires** pour passer de la configuration A à la configuration B, sachant que :
- les anneaux ne peuvent sortir des tiges que par le haut,
- vous ne pouvez placer un anneau sur un autre qui soit plus petit,
- vous ne pouvez déplacer qu'un seul anneau à la fois.

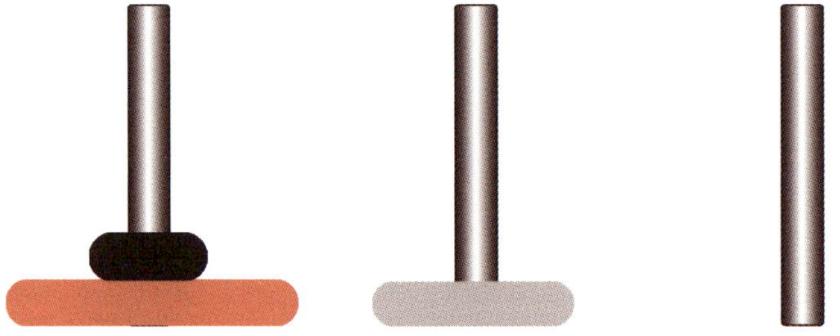

A 1 2 3

B 1 2 3

QUE D'ACCROCS DANS CETTE HISTOIRE

Pouvez-vous lire le texte suivant puis le compléter avec les **15 mots** qui se trouvent dans le tableau, sachant que chaque mot ne peut être utilisé qu'une seule fois ?

Texte extrait de : *Tartarin de Tarascon*, d'Alphonse Daudet.

Jusqu'à l'............................ de quarante-cinq ans, l'............................ Tarasconnais n'avait pas une fois .... hors de sa ville. Il n'avait pas même fait ce fameux voyage à ...., que tout bon .... se paie à sa .... C'est au plus s'il .... Beaucaire, et cependant .... n'est pas bien loin de Tarascon, puisqu'il n'y a que le .... à traverser. Malheureusement ce .... de pont a été si souvent .... par les .... de vent, il est si long, si ...., et le Rhône a tant de largeur à cet .... que, ma foi ! Vous comprenez... Tartarin de Tarascon .... la terre ferme.

connaissait	**Beaucaire**	**majorité**	**intrépide**	**emporté**
endroit	**âge**	**pont**	**frêle**	**Provençal**
Marseille	**coups**	**couché**	**diable**	**préférait**

QUE D'ACCROCS DANS CETTE HISTOIRE

Pouvez-vous lire le texte suivant puis le compléter avec les **15 mots** qui se trouvent dans le tableau, sachant que chaque mot ne peut être utilisé qu'une seule fois ?

Texte extrait de : *Un cœur simple*, de Gustave Flaubert.

Cette ...., revêtue d'ardoises, se trouvait entre un .... et une ruelle aboutissant à la .... Elle avait intérieurement des .... de niveau qui faisaient .... Un vestibule .... séparait la cuisine de la .... où Madame Aubain se tenait tout le long du ...., assise près de la croisée dans un fauteuil de .... Contre le lambris peint en ...., s'alignaient huit chaises d'............................ Un vieux piano .... sous un baromètre un tas .... de boîtes et de cartons. Deux bergères de tapisserie flanquaient la .... en marbre jaune et de .... Louis XV.

rivière	pyramidal	paille	passage	supportait
style	maison	trébucher	blanc	salle
étroit	acajou	jour	cheminée	différences

QUE D'ACCROCS DANS CETTE HISTOIRE

Pouvez-vous lire le texte suivant puis le compléter avec les **15 mots** qui se trouvent dans le tableau, sachant que chaque mot ne peut être utilisé qu'une seule fois ?

Texte extrait de : *La Curée*, d'Émile Zola.

Maxime, qui .... parler à Renée, traversa le grand .... dans sa ...., sachant bien où il trouverait le cénacle de ces .... Il y avait, à l'autre .... de la galerie, faisant pendant au fumoir, une pièce .... dont on avait fait un .... petit salon. Ce salon, avec ses, ..., ses rideaux et ses portières de satin bouton d'............................, avait un charme voluptueux, d'une saveur .... et exquise. Les .... du lustre, très délicatement ...., chantaient une .... en jaune mineur, au milieu de toutes ces .... couleur de ....

salon	**tentures**	**longueur**	**clartés**	**ronde**
extrémité	**désirait**	**or**	**soleil**	**adorable**
originale	**fouillé**	**étoffes**	**dames**	**symphonie**

ÉCRIRE DANS LES ÉTOILES

Pouvez-vous **compléter ces étoiles**, sachant que seulement **6 des 9 mots** dont vous disposez peuvent être utilisés et qu'il vous faut respecter le **sens des flèches** ? Pour vous aider, une lettre a déjà été placée.

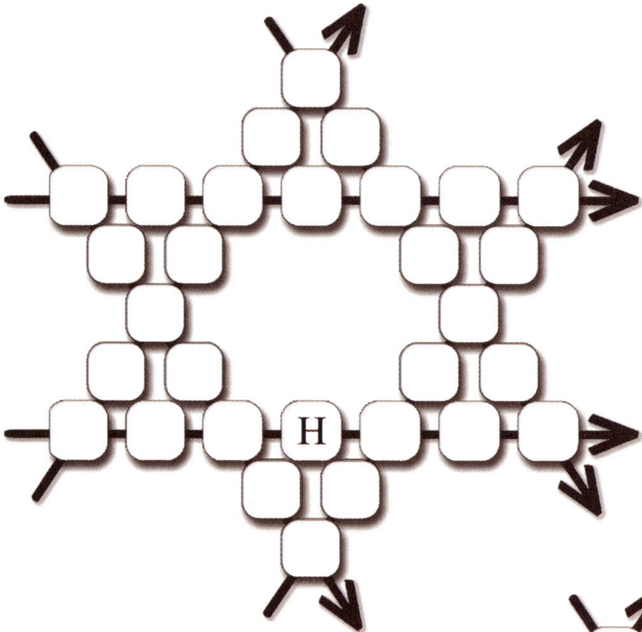

ENCLUME
ETAYAGE
ETENDUE
GRENIER
METHODE
RACLOIR
RADIANT
SECTEUR
SOUHAIT

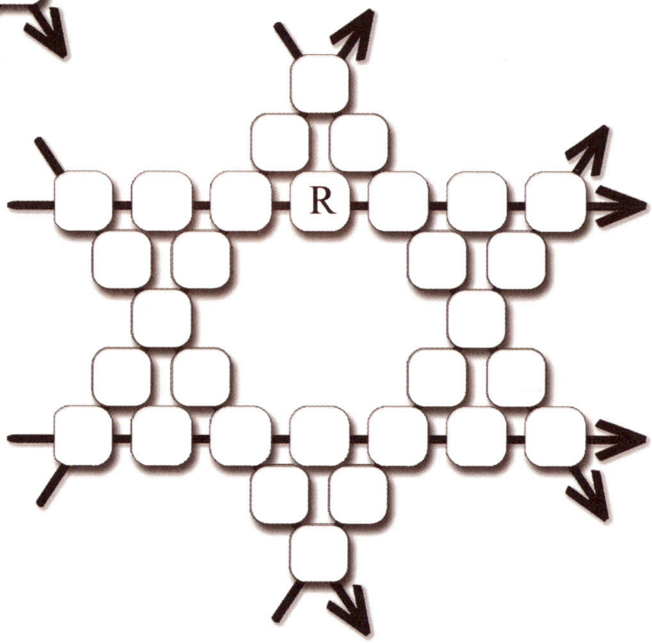

BALLADE
BIVOUAC
CANNAGE
CRESSON
CYCLOPE
FERRURE
JAVELOT
JOURNÉE
TRACAGE

ÉCRIRE DANS LES ÉTOILES

Pouvez-vous **compléter ces étoiles**, sachant que seulement **6 des 9 mots** dont vous disposez peuvent être utilisés et qu'il vous faut respecter le **sens des flèches** ? Pour vous aider, une lettre a déjà été placée.

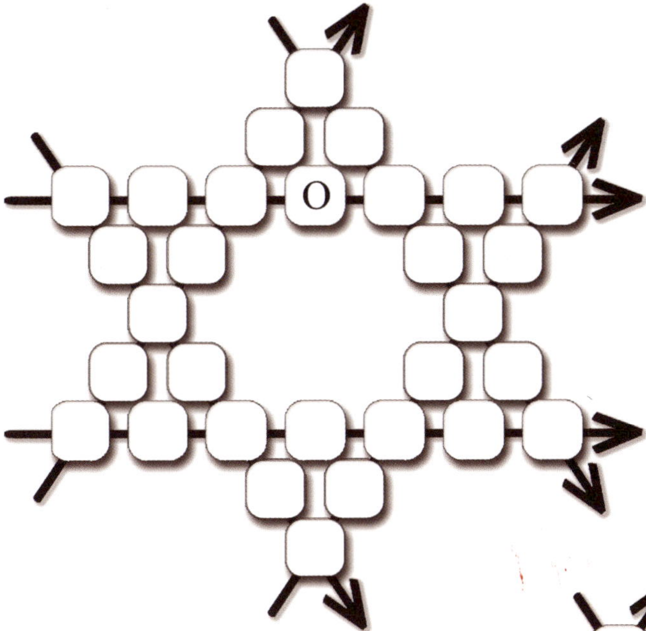

ADJOINT
AINESSE
AUTOMNE
CEREALE
ENTENTE
LIMANDE
LUCIOLE
MINITEL
MUSETTE

LICENCE
PLONGÉE
PORTAIL
REGENCE
REPRISE
REUNION
RHINITE
TERROIR
TRANCHE

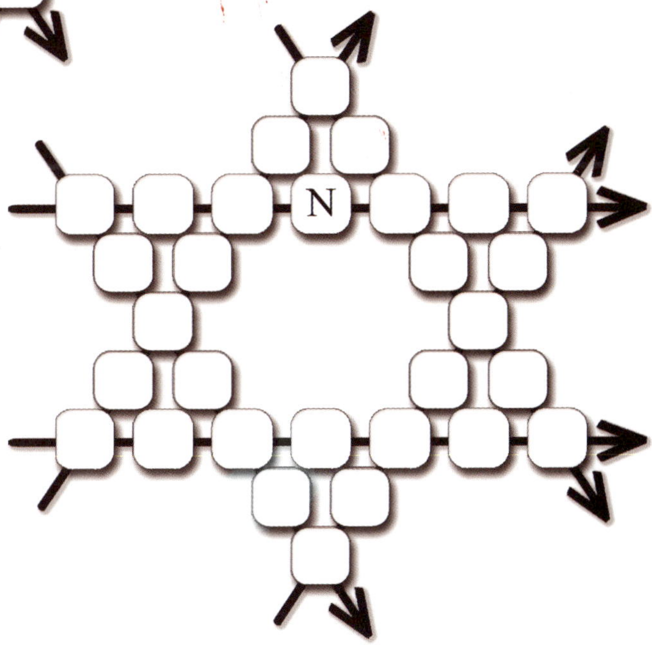

LA SAISON DES HAÏKUS

Les haïkus sont de **brefs poèmes japonais traditionnels** de 3 vers qui évoquent implicitement une saison. Pouvez-vous déterminer à **quelle saison** chacun des haïkus suivants fait-il allusion ?

Même le lapin
Laisse pendre une oreille
Quelle chaleur !

Votre réponse : ....

Cigales des pins
Comme il vous faut crier
Pour que vienne midi !

Votre réponse : ....

Bien qu'amassée pour le feu
La broussaille
Se met à bourgeonner

Votre réponse : ....

Qu'elle était belle énorme
Cette châtaigne
Hors de portée !

Votre réponse : ....

À la flamme de la lampe
J'ai grillé
Mon pinceau gelé

Votre réponse : ....

LA SAISON DES HAÏKUS

Les haïkus sont de **brefs poèmes japonais traditionnels** de 3 vers qui évoquent implicitement une saison. Pouvez-vous déterminer à **quelle saison** chacun des haïkus suivants fait-il allusion ?

Que n'ai-je un pinceau
Qui puisse peindre les fleurs du prunier
Avec leur parfum !

Votre réponse : ....

Un bouddha dans la lande
Au bout de son nez
Une stalactite

Votre réponse : ....

J'ai balayé les feuilles mortes
Ceux qui passent
Ne se rendent compte de rien

Votre réponse : ....

Marche nocturne
La neige tombe
En adieu à l'année

Votre réponse : ....

Les yeux des chats
Devenus des aiguilles
Quelle chaleur !

Votre réponse : ....

LA SAISON DES HAÏKUS

Les haïkus sont de **brefs poèmes japonais traditionnels** de 3 vers qui évoquent implicitement une saison. Pouvez-vous déterminer à **quelle saison** chacun des haïkus suivants fait-il allusion ?

Sur lande et montagne
Rien ne bouge
Ce matin de neige

Votre réponse : ....

Près d'un puits
D'eau croupissante
Des fleurs de prunier

Votre réponse : ....

Silence
Le cri des cigales
Taraude les roches

Votre réponse : ....

Les lumières du palais
Sont affaiblies
Cette nuit de neige

Votre réponse : ....

Pour le cœur
Qui ne doute pas
Les blanches fleurs du prunier

Votre réponse : ....

JOUEZ AU BASKET

Pouvez-vous trouver le **nombre de coups nécessaires** pour passer de la configuration A à la configuration B, sachant que :
- **les ballons ne peuvent sortir des paniers que par le haut,**
- **chaque panier contient 3 ballons au maximum,**
- **vous ne pouvez déplacer qu'un seul ballon à la fois.**

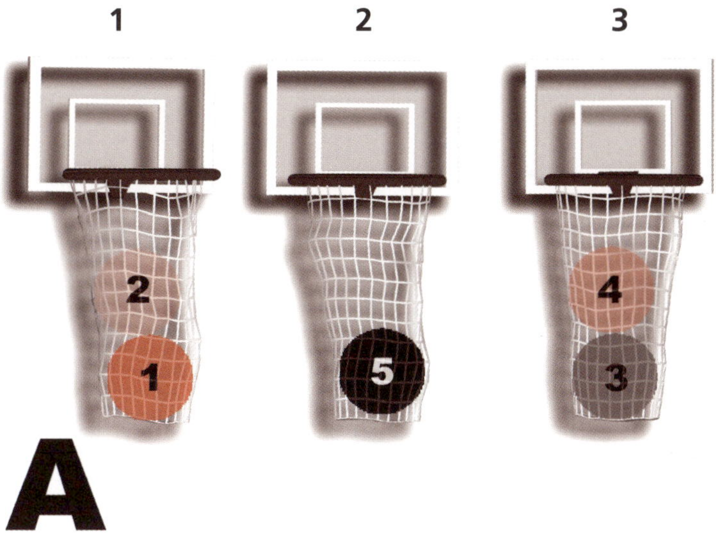

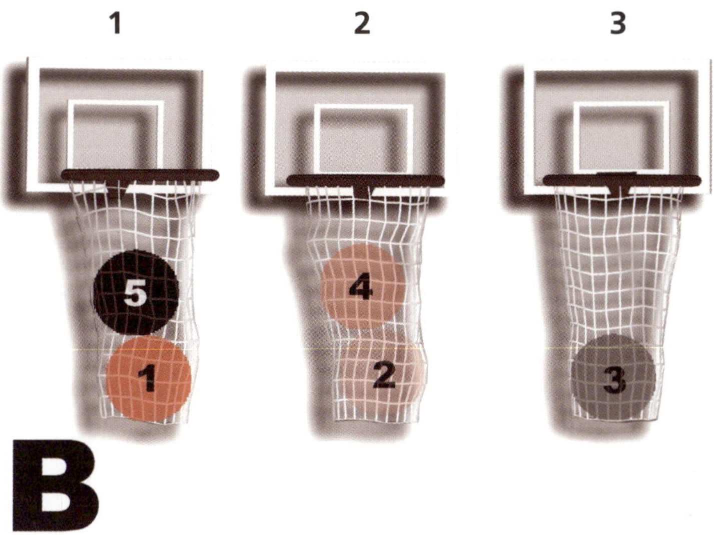

JOUEZ AU BASKET

Pouvez-vous trouver le **nombre de coups nécessaires** pour passer de la configuration A à la configuration B, sachant que :

– les ballons ne peuvent sortir des paniers que par le haut,
– chaque panier contient 3 ballons au maximum,
– vous ne pouvez déplacer qu'un seul ballon à la fois.

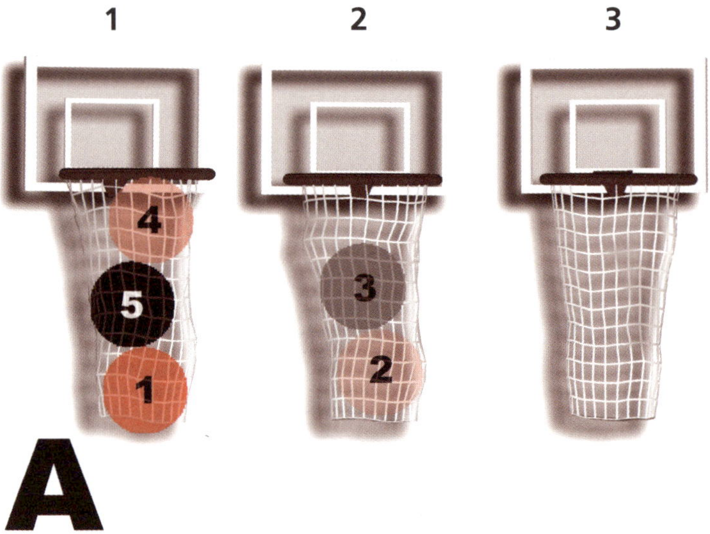

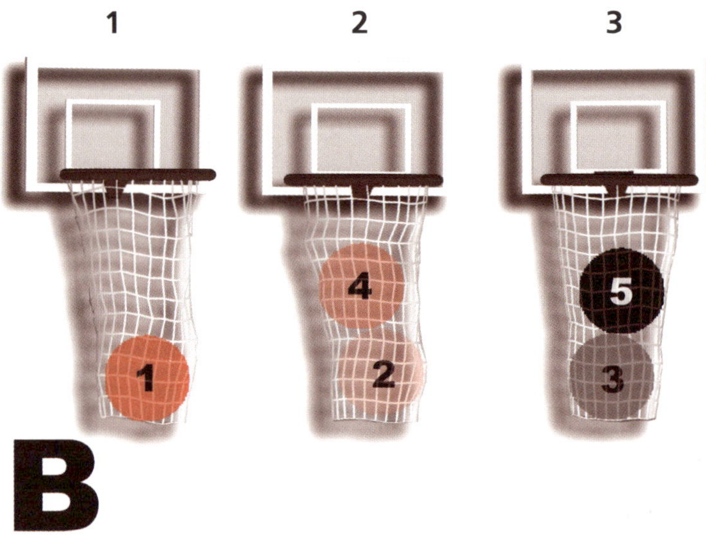

JOUEZ AU BASKET

Pouvez-vous trouver le **nombre de coups nécessaires** pour passer de la configuration A à la configuration B, sachant que :

- **les ballons ne peuvent sortir des paniers que par le haut,**
- **chaque panier contient 3 ballons au maximum,**
- **vous ne pouvez déplacer qu'un seul ballon à la fois.**

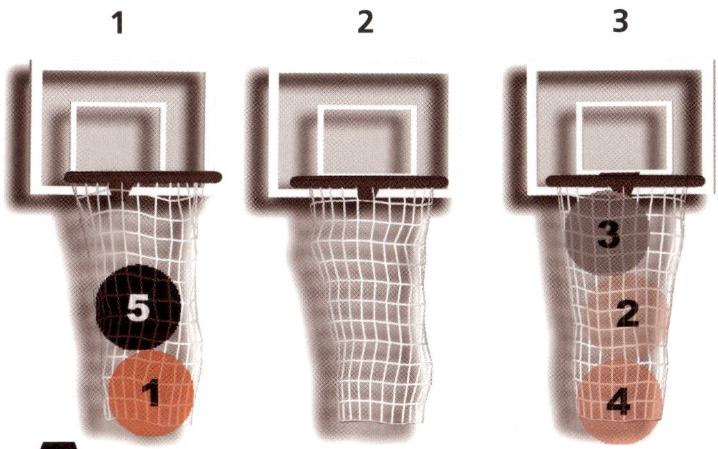

A

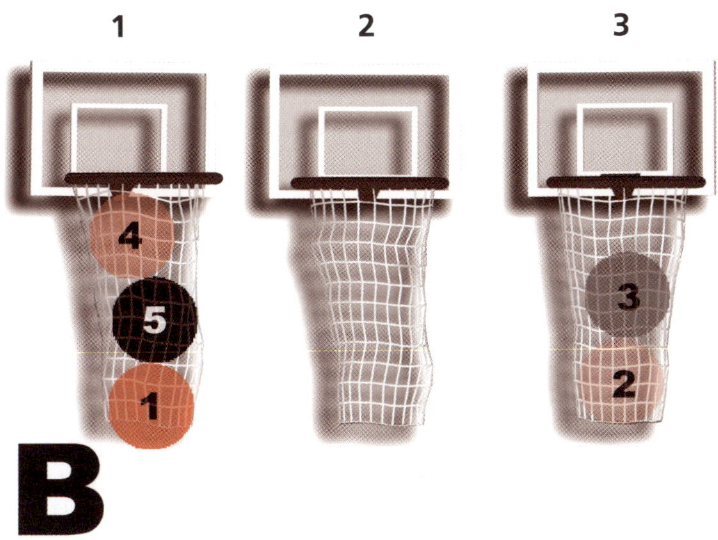

B

CALCUL MENTAL

Pouvez-vous **résoudre de tête**, sans papier ni crayon,
chacun des **2 petits problèmes** mathématiques suivants ?

1er problème :

Une cave contient 360 bouteilles de vin.
90 bouteilles contiennent du vin blanc.
120 bouteilles contiennent du vin rouge.
150 bouteilles contiennent du vin rosé.

Quel est le pourcentage de bouteilles de vin blanc dans la cave ?

....

Quel est le pourcentage de bouteilles de vin rouge dans la cave ?

....

2e problème :

Le poulailler de M. Jean compte 67 volailles : 1 coq, des poules et des poussins. Sachant qu'il y a 5 fois plus de poules que de poussins, combien le poulailler compte-t-il de poules ?

....

CALCUL MENTAL

Pouvez-vous **résoudre de tête**, sans papier ni crayon, chacun des **2 petits problèmes** mathématiques suivants ?

3e problème :

17 élèves suivent des cours de russe. Parmi eux, il y a au moins 1 garçon, mais si l'on prend 2 élèves au hasard, il y a toujours au moins 1 fille.

Combien y a-t-il de filles au cours de russe ?

....

4e problème :

Un marchand de fruits et légumes charge sa camionnette avec :
- 6 cagettes contenant chacune 3 filets de 2 kilos de clémentines,
- 5 cagettes contenant chacune 10 barquettes de 500 grammes de myrtilles,
- 3 cagettes contenant chacune 8 bottes de radis de 250 grammes.

Quelle est la masse totale de tous les fruits et légumes chargés dans la camionnette ?

....

TROUVEZ LE MOT CACHÉ

Pouvez-vous trouver en **1 minute** le nom commun de **9 lettres** caché dans chacune des grilles, sachant que les lettres du mot sont **adjacentes** mais ne peuvent se suivre en diagonale ?

Indice : Le mot commence par les **lettres colorées**.

L	A	N	N
L	B	Q	U
I	T	T	E
S	E	V	N

Indice : Le mot commence par les **lettres colorées**.

S	I	N	G
U	O	E	I
G	M	I	O
L	A	L	T

TROUVEZ LE MOT CACHÉ

Pouvez-vous trouver en **1 minute** le nom commun de **9 lettres** caché dans chacune des grilles, sachant que les lettres du mot sont **adjacentes** mais ne peuvent se suivre en diagonale ?

Indice : Le mot commence par les **lettres colorées**.

R	T	A	N
A	C	U	G
R	E	E	L
I	L	L	O

Indice : Le mot commence par les **lettres colorées**.

S	S	E	G
E	L	P	R
T	B	I	O
D	E	A	F

QUESTION D'ORTHOGRAPHE

Pouvez-vous retrouver parmi les 3 propositions la **bonne orthographe** des mots suivants ?

apercevoir	appercevoir	apperçevoir
parasole	parasol	parassol
méchammant	méchament	méchamment
dépendance	dépendence	dépandance
biciclette	byciclette	bicyclette
appeler	apeller	apeler
accueil	acceuil	acueil
zigue-zague	zigzag	ziguezag
yahourt	yaourth	yaourt
loingtain	lointain	lointaing
mappemonde	mappe-monde	mape-monde
ammarre	ammare	amarre
harang	hareng	harreng
emprunter	empreinter	amprainter
claffouti	clafouti	clafoutis
haubois	hautbois	heaubois
commémorer	comémorer	comémmorer
abcense	abscence	absence
acréditer	accréditer	accrèditer
littérature	litterrature	littérrature

QUESTION D'ORTHOGRAPHE

Pouvez-vous retrouver parmi les 3 propositions la **bonne orthographe** des mots suivants ?

intendance	intandence	intendence
cuiellette	cueillette	ceuillette
bileboquet	billeboquet	bilboquet
unnanimité	unanimité	unanimitée
viscère	vicère	vicèrre
paiment	payemment	paiement
diamant	diamand	diament
apsorption	absorption	absorbsion
concience	consciense	conscience
horifiant	horrifiant	horriffiant
expansion	expension	expention
ébourrifer	ébouriffer	ébourriffer
honêteté	hônneteté	honnêteté
partiellement	parciellement	partiellemment
complinte	complainte	compleinte
pelle-mêle	pèle-mèle	pêle-mêle
épitète	épithète	épitête
apeurer	appeurer	appeurrer
savament	savemment	savamment
poêle	poëlle	poêlle

QUESTION D'ORTHOGRAPHE

Pouvez-vous retrouver parmi les 3 propositions la **bonne orthographe** des mots suivants ?

appaiser	apaiser	appaizer
cercueil	cerceuil	cerccueil
notamment	notament	notemment
verrierre	verrière	vérierre
bainnoire	bainoire	baignoire
thermostas	termostat	thermostat
souveraineté	souverraineté	souverainneté
jacinte	jacinthe	jaceinte
comtabilité	comptabillité	comptabilité
méléze	mélèze	mellèze
cuirasse	cuirrasse	cuirace
environement	environnement	envirronement
cathéchisme	catéschisme	catéchisme
additioner	aditionner	additionner
parallèle	paralelle	paralèle
soliciter	solliciter	solicitter
remaniment	remaniement	remaniemment
pithon	pyton	python
lâchement	lachement	lâchemment
harcèlement	harcellement	harcellemment

MÉMORISEZ LES VERBES

Pouvez-vous **lire** attentivement ce texte en observant particulièrement la **place des verbes** qui structurent l'histoire ? Ensuite, **tournez la page** pour poursuivre l'exercice.

Un dîner mortel

Depuis le commencement du dîner, Renée semblait distraite. Elle remplissait ses devoirs de maîtresse de maison avec un sourire machinal. À chaque éclat de gaieté qui venait du bout de la table, où Maxime et Louise, côte à côte, plaisantaient comme de bons camarades, elle jetait de ce côté un regard luisant. Elle s'ennuyait.

Texte extrait de : *La Curée*, d'Émile Zola.

MÉMORISEZ LES VERBES

Pouvez-vous **remettre** les verbes ci-dessous **dans l'ordre** qu'ils occupent dans le texte ?

plaisantaient	1	
semblait	2	
jetait	3	
venait	4	
s'ennuyait	5	
remplissait	6	

MÉMORISEZ LES VERBES

Pouvez-vous **lire** attentivement ce texte en observant particulièrement la **place des verbes** qui structurent l'histoire ? Ensuite, **tournez la page** pour poursuivre l'exercice.

Blessures

Colomba ouvrit la porte du jardin avec la même précaution, entra dans l'enclos, et en sifflant doucement elle attira près d'elle les chevaux, à qui elle portait souvent du pain et du sel. Dès que le cheval noir fut à sa portée, elle le saisit fortement par la crinière et lui fendit l'oreille avec son couteau.

Texte extrait de : *Colomba*, de Prosper Mérimée.

MÉMORISEZ LES VERBES

Pouvez-vous **remettre** les verbes ci-dessous **dans l'ordre** qu'ils occupent dans le texte ?

ouvrit	1	
saisit	2	
entra	3	
portait	4	
fendit	5	
attira	6	

FÉMININ OU MASCULIN ?

Observez attentivement cette grille contenant **8 mots féminins** et **8 mots masculins**.

hache	**absence**	**nuage**	**gazelle**
poule	**filet**	**oasis**	**autoroute**
abcès	**grue**	**apparence**	**poulpe**
éléphant	**narcisse**	**éloge**	**hochet**

À présent, pouvez-vous **trier les mots** de la grille **selon leur genre**, en les notant dans l'**ordre alphabétique** ?

Mots féminins	Mots masculins

FÉMININ OU MASCULIN ?

Observez attentivement cette grille contenant **8 mots féminins** et **8 mots masculins**.

astérisque	**ivresse**	**musée**	**fièvre**
malheur	**crabe**	**lisière**	**cratère**
carte	**muse**	**obélisque**	**galère**
liste	**fève**	**ivoire**	**maillot**

À présent, pouvez-vous **trier les mots** de la grille **selon leur genre**, en les notant dans l'**ordre alphabétique** ?

Mots féminins	Mots masculins

PAIR OU IMPAIR ?

Observez attentivement cette grille contenant **8 nombres pairs** et **8 nombres impairs**.

23	**55**	**79**	**4578**
2111	**602**	**11**	**145**
78	**4758**	**213**	**620**
47	**142**	**5416**	**212**

À présent, pouvez-vous **trier les nombres** de la grille **selon qu'ils sont pairs ou impairs**, en les notant dans l'**ordre croissant** ?

Nombres pairs	Nombres impairs

PAIR OU IMPAIR ?

Observez attentivement cette grille contenant **8 nombres pairs** et **8 nombres impairs**.

2020	1669	7031	5075
5858	27	12	6021
80	7032	2200	858
5705	703	21	72

À présent, pouvez-vous **trier les nombres** de la grille **selon qu'ils sont pairs ou impairs**, en les notant dans l'**ordre décroissant** ?

Nombres pairs	Nombres impairs

MOTS COUPÉS

Pouvez-vous reconstituer **20 noms** communs de **2 syllabes** avec les syllabes dont vous disposez dans cette grille ? Attention, chaque syllabe ne peut être utilisée qu'une seule fois !

Indice : Tous les mots de la grille appartiennent au thème Animaux.

ge	**bi**	**que**	**cy**	**pin**
quin	**pent**	**zè**	**pu**	**mi**
vre	**re**	**tue**	**son**	**tau**
la	**pe**	**chè**	**nard**	**le**
pe	**chon**	**gne**	**ser**	**ton**
pou	**cra**	**be**	**pho**	**re**
guê	**ce**	**bre**	**co**	**sin**
four	**gre**	**tor**	**mou**	**ti**

Vos réponses : ....

....

....

....

....

MOTS COUPÉS

Pouvez-vous reconstituer **20 noms** communs de **2 syllabes** avec les syllabes dont vous disposez dans cette grille ? Attention, chaque syllabe ne peut être utilisée qu'une seule fois !
Indice : Tous les mots de la grille appartiennent au thème **Fruits**.

gnon	pru	ka	rai	ki
sin	ma	mû	lit	me
chi	man	bru	gue	rron
che	ki	tte	lon	poi
pa	frai	fi	ca	tron
ssis	da	paye	re	ci
re	gue	nè	mme	pê
po	se	ne	wi	fle

Vos réponses : ....
....
....
....
....

TRIEZ LES MOTS

Pouvez-vous classer tous les mots de la liste ci-dessous en **4 catégories** et donner un **titre** à chacune de ces catégories ?

abricot ; ananas ; avoine ; blé ; bolet ; cèpe ; cerise ; chanterelle ; chicorée ; datte ; frisée ; laitue ; mâche ; maïs ; morille ; mousseron ; myrtille ; riz ; scarole ; seigle

Titre :	**Titre :**	**Titre :**	**Titre :**

TRIEZ LES MOTS

Pouvez-vous classer tous les mots de la liste ci-dessous en **4 catégories** et donner un **titre** à chacune de ces catégories ?

bacon ; beaufort ; brie ; cantal ; charlotte ; chorizo ; clafoutis ; coulommiers ; entrecôte ; fraisier ; gigot ; jambon ; livarot ; rôti ; salami ; saucisson ; savarin ; steak ; succès ; tournedos

Titre :	**Titre :**	**Titre :**	**Titre :**

MÉMOIRE D'ÉLÉPHANT

Mémorisez pendant **2 minutes** les **25 mots** présents sur cette grille. Ensuite, tournez la page pour poursuivre l'exercice.

Un conseil : Pensez à regrouper les mots par catégories, vous les mémoriserez plus facilement !

muguet	**vierge**	**rouge**	**granit**	**bleuet**
quartz	**juge**	**calcaire**	**serveur**	**maçon**
jaune	**tulipe**	**scorpion**	**iris**	**balance**
noir	**marbre**	**vert**	**médecin**	**violet**
lys	**verseau**	**caissier**	**ardoise**	**gémeaux**

MÉMOIRE D'ÉLÉPHANT

Pouvez-vous retrouver les **25 mots** de la grille précédente parmi ces **70 mots** ?

duvet	fromage	bleuet	classeur	pain
vierge	bolet	famille	lys	collier
soirée	cheveu	cerisier	médecin	ordinateur
langue	muguet	cheval	foulard	noir
caissier	bulle	juge	parasol	prune
pape	tulipe	livre	gémeaux	casque
cahier	source	vert	sirop	ardoise
jaune	gâteau	poireau	quartz	poupée
théâtre	calcaire	pistolet	toile	rigole
mitaine	assiette	maçon	muret	scorpion
cloche	marbre	horloge	granit	igloo
rouge	neige	violet	fourche	automne
football	pays	caméra	verseau	piano
balance	iris	peluche	voiture	serveur

MÉMOIRE D'ÉLÉPHANT

Mémorisez pendant **2 minutes** les **25 mots** présents sur cette grille. Ensuite, tournez la page pour poursuivre l'exercice.

Un conseil : Pensez à regrouper les mots par catégories, vous les mémoriserez plus facilement !

toit	**cervelas**	**fable**	**cercle**	**salami**
jambon	**losange**	**cousine**	**mur**	**tante**
poésie	**volet**	**saucisson**	**carré**	**essai**
triangle	**frère**	**roman**	**neveu**	**trapèze**
porte	**pâté**	**tragédie**	**escalier**	**père**

MÉMOIRE D'ÉLÉPHANT

Pouvez-vous retrouver les **25 mots** de la grille précédente parmi ces **70 mots** ?

tante	fauve	violon	billard	porte
peau	été	fable	rideau	chien
triangle	marteau	club	essai	grade
lutin	salami	lanterne	sergent	cervelas
courge	violence	toit	jasmin	karaté
roman	guerre	carré	institut	tragédie
fièvre	merle	lustre	volet	ivoire
poterie	jambon	père	paravent	veste
trapèze	timidité	note	cercle	écrou
frère	rouleau	fusil	manque	poésie
régime	voyage	losange	zone	chiffre
saucisson	espoir	neveu	bonbon	cousine
boîte	prince	ongle	mur	support
patience	pâté	caillou	cerveau	escalier

LE JUSTE MOT

Pouvez-vous retrouver le mot auquel correspond cette **définition** parmi les **3 propositions** ?

« Confiserie élaborée à partir d'une amande, que l'on recouvre de sucre durci et coloré »

amandine	**dragée**	**praline**

« Os de la cuisse »

fémur	**tibia**	**péroné**

« Local couvert où l'on abrite les bovins d'une ferme »

étable	**écurie**	**grange**

« Jeune fille vêtue d'un uniforme fantaisie qui parade dans certains défilés »

midinette	**nymphette**	**majorette**

« Discours qu'un personnage de pièce de théâtre se tient à lui-même »

tirade	**monologue**	**prologue**

LE JUSTE MOT

Pouvez-vous retrouver le mot auquel correspond cette **définition** parmi les **3 propositions** ?

« Animal fabuleux ayant l'aspect d'un cheval blanc portant sur le front une longue corne torsadée »

licorne	**dragon**	**elfe**

« Édifice bâti pour le culte musulman »

temple	**synagogue**	**mosquée**

« Lanière servant à tenir certains animaux familiers, notamment les chiens »

laisse	**lasso**	**collier**

« Ruban élastique qu'on utilise pour maintenir le bas en place sur la jambe »

jambière	**jarretière**	**résille**

« Local dans lequel le boulanger pétrit et cuit la pâte »

fournil	**pétrin**	**fournaise**

LE JUSTE MOT

Pouvez-vous retrouver le mot auquel correspond cette **définition** ?

« Petit rouleau servant à friser les cheveux »

Votre réponse : ....

« Siège à bras et à dossier conçu pour une seule personne »

Votre réponse : ....

« Liquide noir ou coloré, utilisé pour écrire, dessiner, imprimer »

Votre réponse : ....

« Cadavre conservé grâce à des techniques d'embaumement »

Votre réponse : ....

« Personne dont l'âge est compris entre 90 et 100 ans »

Votre réponse : ....

LE JUSTE MOT

Pouvez-vous retrouver le mot auquel correspond cette **définition** ?

« Ensemble des poils que les hommes laissent parfois pousser au-dessus de la lèvre supérieure »

Votre réponse : ....

« Femelle du sanglier »

Votre réponse : ....

« Élévation anormale de la tension artérielle »

Votre réponse : ....

« Jouet conçu pour émettre un bruit léger lorsque les jeunes enfants le secouent »

Votre réponse : ....

« Maître d'hôtel dans une grande maison »

Votre réponse : ....

LE JUSTE MOT

Pouvez-vous retrouver quelle est la **bonne définition** du mot proposé ?

saké

- art martial coréen
- alcool de riz japonais
- fruit exotique comestible à la pulpe orangée et à gros pépins

jars

- mâle de l'oie
- cuisse du cochon
- vase en terre cuite, à deux anses, utilisé pour la conservation des aliments

quetsche

- coiffe lorraine traditionnelle
- sorte de tarte aux lardons et aux oignons, à pâte très fine, spécialité de l'Alsace
- grosse prune allongée de couleur violacée

modélisme

- fabrication de maquettes, de modèles réduits
- art de la mode
- réalisation de modèles utilisés pour le moulage de pièces

garçonnière

- jeune fille dont l'allure et les manières rappellent celles des hommes
- dans une crèche ou une maternité, chambre réservée aux garçons
- au XIXe siècle, logement d'un homme célibataire, utilisé particulièrement pour des rendez-vous galants

LE JUSTE MOT

Pouvez-vous retrouver quelle est la **bonne définition** du mot proposé ?

faune

- ensemble des espèces végétales poussant dans un lieu géographique déterminé
- petit renard à longues oreilles qui vit dans les régions désertiques
- divinité romaine des bois mi-homme, mi-chèvre

saindoux

- duvet des jeunes canards
- graisse de porc fondue
- décoction très sucrée utilisée pour guérir la toux

poupe

- partie avant d'un navire
- partie arrière d'un navire
- autre nom de la pieuvre

gaspacho

- potage espagnol à base de concombre et de tomate, que l'on sert froid
- chapeau de paille à large bord porté traditionnellement au Mexique
- paysan péruvien

guérite

- abri à l'usage des sentinelles
- petite table d'appoint à un ou trois pieds
- état d'une personne qui est en voie de guérison

HAÏKUS

Un haïku est un **bref poème japonais traditionnel** de 3 vers. Pouvez-vous remettre dans le **bon ordre** les vers des haïkus suivants ?

Votre réponse :

La tempête d'hiver ....
La cloche ....
Envoie les graviers faire sonner ....

Votre réponse :

Tordus grincent. Les miens aussi ....
Prunier d'hiver, tes membres ....
Vieux que je suis ....

Votre réponse :

Est plus merveilleux ....
L'enfant qui l'imite ....
Que le cormoran ....

Votre réponse :

Et disparaît ....
Le bois d'été ....
Un homme y entre ....

Votre réponse :

Qu'ils ont roulé ....
Les melons ont si chaud ....
Hors de leur cachette feuillue ....

HAÏKUS

Un haïku est un **bref poème japonais traditionnel** de 3 vers.
Pouvez-vous remettre dans le **bon ordre** les vers des haïkus suivants ?

Votre réponse :

Le voleur ....

La lune qui était à ma fenêtre ....

M'a tout emporté sauf ....

Votre réponse :

À la fin devient ....

La boule de neige ....

Immense ....

Votre réponse :

Souffle le vent d'automne ....

Sont vertes ....

Mais les bogues des châtaignes ....

Votre réponse :

Des herbes folles du printemps ....

Les difficiles noms ....

Tous les divers ....

Votre réponse :

La lune dans l'eau ....

Et se répandit au loin ....

Fit un saut périlleux ....

VIDEZ VOTRE SAC

Pouvez-vous donner en **3 minutes** un maximum de **noms communs** au singulier de **4 lettres** commençant par les 2 lettres données ?

Racine G R _ _

Vos réponses : ....

....

....

Racine P O _ _

Vos réponses : ....

....

....

VIDEZ VOTRE SAC

Pouvez-vous donner en **3 minutes** un maximum de **noms communs** au singulier de **4 lettres** commençant par les 2 lettres données ?

Racine C L _ _

Vos réponses : ....
....
....

Racine P A _ _

Vos réponses : ....
....
....

JEUX DE MOTS

Pouvez-vous trouver le **contraire** des 10 mots suivants ? Pour vous aider, la première lettre du mot est donnée.

mince : g..........

haut : b..........

laid : b..........

vrai : f..........

gentil : m..........

mouillé : s..........

sale : p..........

fort : f..........

prudent : i..........

large : é..........

Pouvez-vous déterminer les **2 synonymes** qui se cachent à l'intérieur de chaque groupe de mots ?

maman	**parente**	**mère**	**femme**	**aïeule**
entrée	**sortie**	**porte**	**issue**	**seuil**
souci	**catastrophe**	**délai**	**annulation**	**ennui**
tendance	**aspect**	**reflet**	**physionomie**	**caractère**
diarrhée	**constipation**	**écœurement**	**digestion**	**colique**

JEUX DE MOTS

Pouvez-vous trouver le **contraire** des 10 mots suivants ? Pour vous aider, la première lettre du mot est donnée.

honnête : m..

épais : f..

grand : p..

fermé : o..

mou : d..

fréquent : r..

courageux : p..

jeune : v..

bon : m..

léger : l..

Pouvez-vous déterminer les **2 synonymes** qui se cachent à l'intérieur de chaque groupe de mots ?

tristesse	**rancœur**	**dégoût**	**chagrin**	**crainte**

présage	**magie**	**sorcellerie**	**astrologie**	**sort**

broc	**flacon**	**pichet**	**entonnoir**	**récipient**

alphabet	**missive**	**écriture**	**lettre**	**colis**

pile	**arrangement**	**tri**	**décision**	**sélection**

AVOIR LE DERNIER MOT

Pouvez-vous **lire attentivement** les 4 phrases suivantes et **mémoriser le dernier mot** de chacune ? Ensuite, **tournez la page** pour poursuivre l'exercice.

Tous les étés, Ludovic partait à la pêche au saumon avec son cousin.

La mère de Stéphanie servait toujours des haricots verts avec le gigot d'agneau.

Francis et Chloé avaient repeint le salon l'année de leur installation dans la villa.

Simon a fini par appeler le plombier car le bidet était bouché depuis trois jours.

AVOIR LE DERNIER MOT

D'après ce que vous avez lu en page précédente, pouvez-vous **répondre** à cette question ?

Quels légumes la mère de Stéphanie servait-elle toujours avec le gigot d'agneau ?
– des champignons
– des haricots verts
– des flageolets

À présent, pouvez-vous inscrire ci-dessous le dernier mot de chaque phrase ?

Phrase 1 : ....

Phrase 2 : ....

Phrase 3 : ....

Phrase 4 : ....

AVOIR LE DERNIER MOT

Pouvez-vous **lire attentivement** les 4 phrases suivantes et **mémoriser le dernier mot** de chacune ? Ensuite, **tournez la page** pour poursuivre l'exercice.

Après l'orage, des feuilles de châtaignier jonchaient les allées du parc.

Lorsque je suis arrivé, le concierge passait le balai dans la cour de l'immeuble.

Hier, cinq skieurs imprudents ont déclenché une avalanche non loin de la station.

Luce s'est fait voler son appareil photo pendant la visite de la vieille ville.

AVOIR LE DERNIER MOT

D'après ce que vous avez lu en page précédente, pouvez-vous **répondre** à cette question ?

Que Luce s'est-elle fait voler pendant la visite de la vieille ville ?
– son appareil photo
– son portefeuille
– son sac à main

À présent, pouvez-vous inscrire ci-dessous le dernier mot de chaque phrase ?

Phrase 1 : ....

Phrase 2 : ....

Phrase 3 : ....

Phrase 4 : ....

OBSERVATION

1re disposition :

Pouvez-vous **observer attentivement** la disposition suivante ? Ensuite, **tournez la page** pour poursuivre l'exercice.

ok

OBSERVATION

Pouvez-vous **répondre** aux questions suivantes ?

Combien y avait-il de grenouilles sur la disposition ?

....

De quel côté les rats tournaient-ils la tête ?

....

Quel était le troisième animal présent sur la disposition ?

....

OBSERVATION

2e disposition :
Pouvez-vous **observer attentivement** la disposition suivante ?
Ensuite, **tournez la page** pour poursuivre l'exercice.

OBSERVATION

Pouvez-vous **répondre** aux questions suivantes ?

Combien y avait-il d'éléments au total sur la disposition ?

....

De quel côté du verre la paille se trouvait-elle ?

....

Combien y avait-il de salières sur la disposition ?

....

OBSERVATION

3e disposition :
Pouvez-vous **observer attentivement** la disposition suivante ?
Ensuite, **tournez la page** pour poursuivre l'exercice.

OBSERVATION

Pouvez-vous **répondre** aux questions suivantes ?

Combien y avait-il d'éléments différents sur la disposition ?

....

Les ciseaux étaient-ils ouverts ou fermés ?

....

De quel côté la mine du crayon se trouvait-elle ?

....

MÉMORISEZ LA FORME

Pouvez-vous **observer attentivement** cette figure sans regarder celles du bas ? Ensuite, **cachez-la** pour poursuivre l'exercice.

À présent que vous avez masqué la figure du haut, pouvez-vous la **retrouver** parmi les 4 figures suivantes ?

MÉMORISEZ LA FORME

Pouvez-vous **observer attentivement** cette figure sans regarder celles du bas ? Ensuite, **cachez-la** pour poursuivre l'exercice.

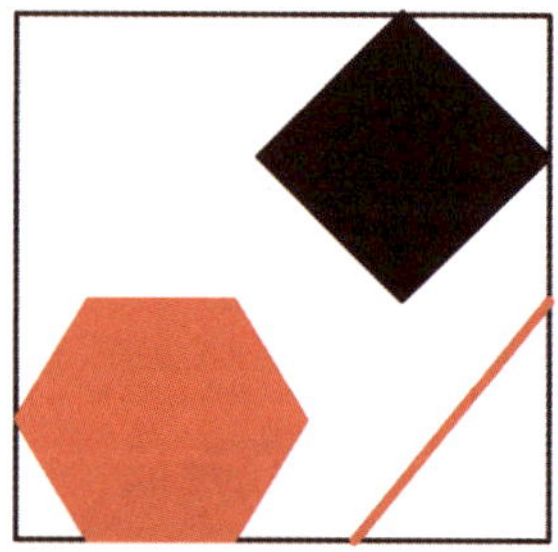

À présent que vous avez masqué la figure du haut, pouvez-vous la **retrouver** parmi les 4 figures suivantes ?

MÉMORISEZ LA FORME

Pouvez-vous **observer attentivement** cette figure sans regarder celles du bas ? Ensuite, **cachez-la** pour poursuivre l'exercice.

À présent que vous avez masqué la figure du haut, pouvez-vous la **retrouver** parmi les 4 figures suivantes ?

MÉMORISEZ PAR SOUS-ENSEMBLES

Pouvez-vous observer attentivement la **forme, la place et la couleur** des **5 éléments** disposés sur la grille ? Ensuite, **cachez la grille** pour poursuivre l'exercice.

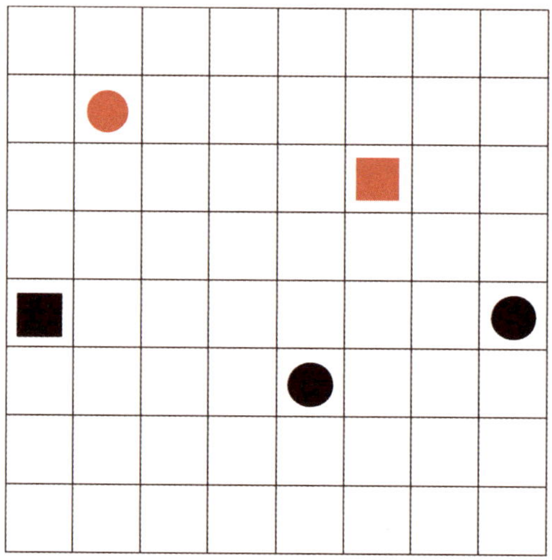

À présent que vous avez masqué la grille du haut, pouvez-vous **replacer correctement** sur cette grille vide les 5 éléments dont vous disposez ?

MÉMORISEZ PAR SOUS-ENSEMBLES

Pouvez-vous observer attentivement la **forme, la place et la couleur** des **5 éléments** disposés sur la grille ? Ensuite, **cachez la grille** pour poursuivre l'exercice.

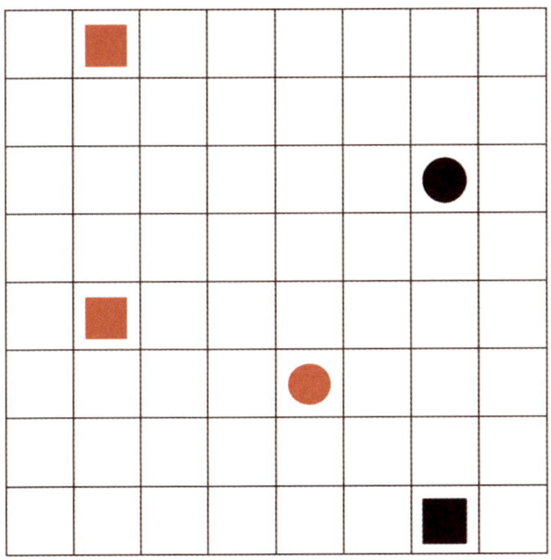

À présent que vous avez masqué la grille du haut, pouvez-vous **replacer correctement** sur cette grille vide les 5 éléments dont vous disposez ?

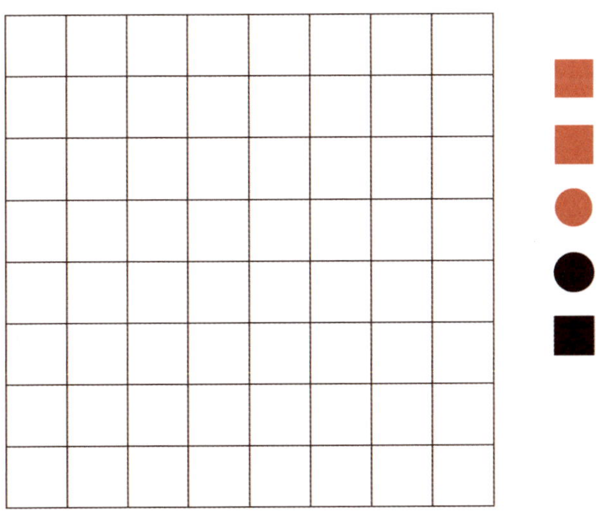

MEMORISEZ PAR SOUS-ENSEMBLES

Pouvez-vous observer attentivement **la forme**, **la place et la couleur** des **5 éléments** disposés sur la grille ? Ensuite, **cachez la grille** pour poursuivre l'exercice.

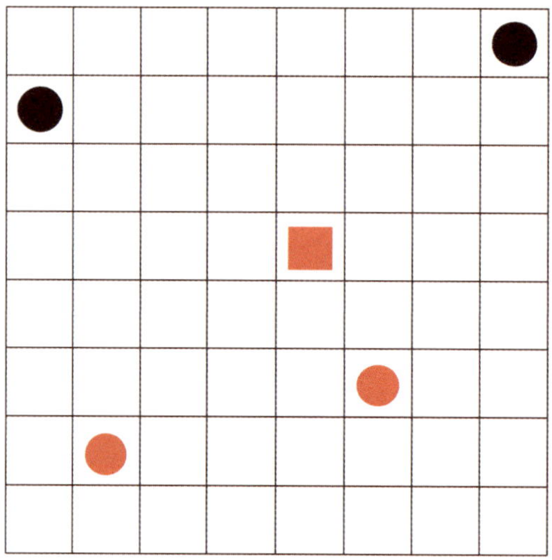

À présent que vous avez masqué la grille du haut, pouvez-vous **replacer correctement** sur cette grille vide les 5 éléments dont vous disposez ?

RECONSTITUEZ UN BLASON

Pouvez-vous observer attentivement **la forme**, **les couleurs et les motifs** de ce blason ? Ensuite, **tournez la page** pour poursuivre l'exercice.

RECONSTITUEZ UN BLASON

Pouvez-vous **reconstituer le blason** de la page précédente grâce aux éléments dont vous disposez ?

Choisissez une forme :

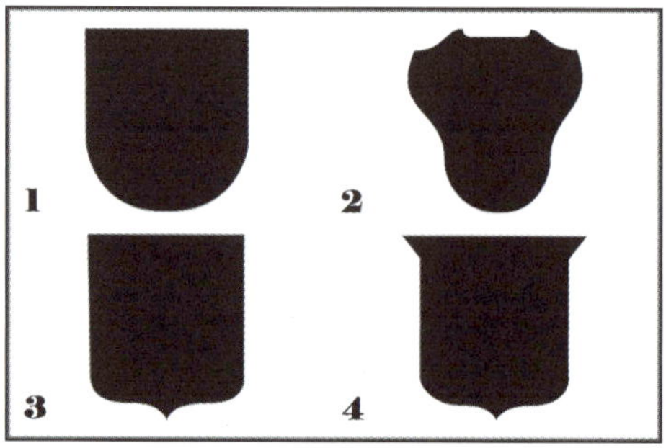

Choisissez la disposition des couleurs :

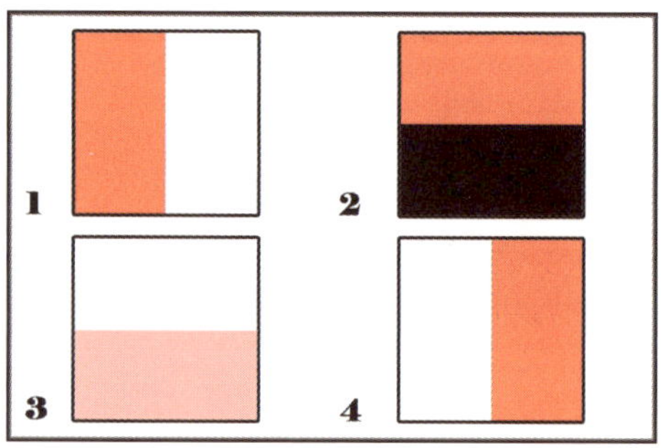

Choisissez le motif :

RECONSTITUEZ UN BLASON

Pouvez-vous observer attentivement **la forme**, **les couleurs et les motifs** de ce blason ? Ensuite, **tournez la page** pour poursuivre l'exercice.

RECONSTITUEZ UN BLASON

Pouvez-vous **reconstituer le blason** de la page précédente grâce aux éléments dont vous disposez ?

Choisissez une forme :

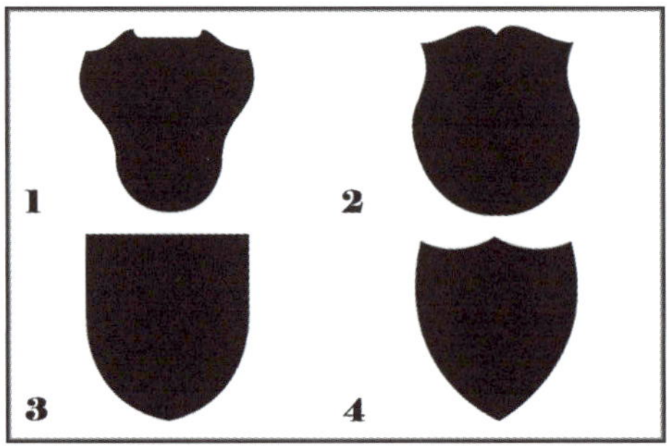

Choisissez la disposition des couleurs :

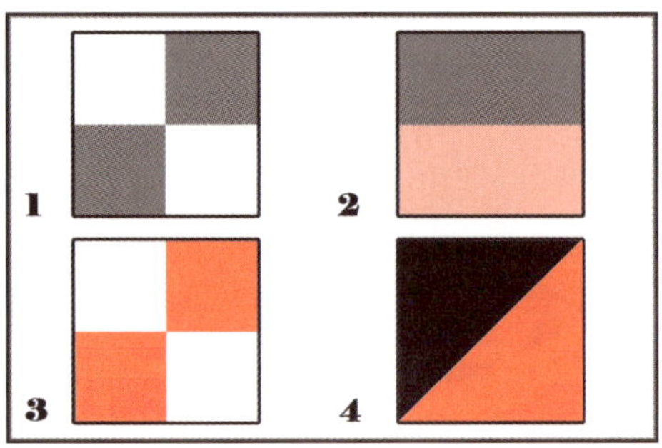

Choisissez le motif :

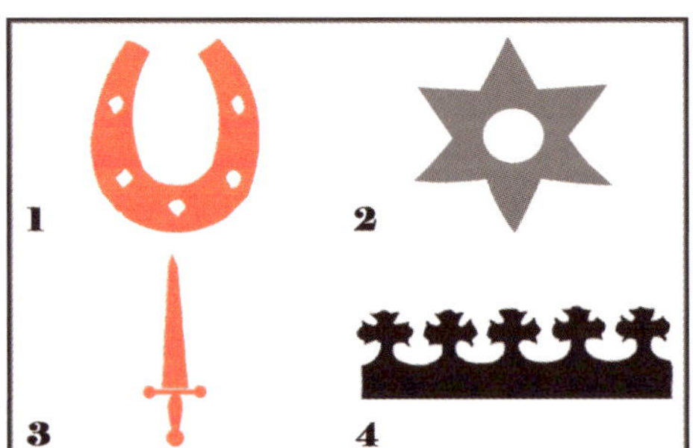

RECONSTITUEZ UN PUZZLE

Pouvez-vous **observer attentivement** les 4 figures suivantes et déterminer si certaines **n'entrent pas** dans la composition de la figure du bas ? Attention, les figures peuvent tourner comme dans un puzzle !

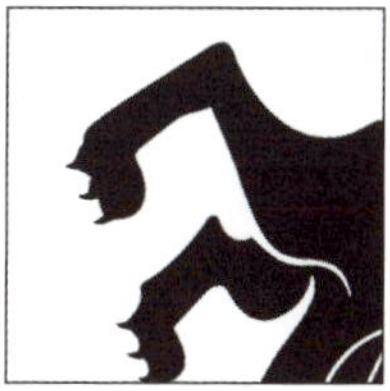

1

2

3

4

RECONSTITUEZ UN PUZZLE

Pouvez-vous **observer attentivement** les 4 figures suivantes et déterminer si certaines **n'entrent pas** dans la composition de la figure du bas ? Attention, les figures peuvent tourner comme dans un puzzle !

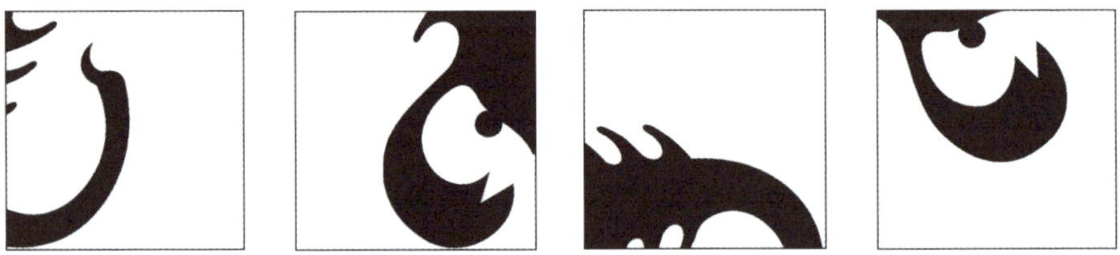

1 2 3 4

CARACTÈRES DÉPLACÉS

Pouvez-vous observer attentivement la **forme et la place** de ces **6 caractères égyptiens** sans regarder ceux du bas ? Ensuite, **cachez l'image** pour poursuivre l'exercice.

À présent que vous avez masqué l'image du haut, pouvez-vous trouver quels **caractères** ont été **substitués** sur cette image ? Attention, les caractères ont été déplacés !

CARACTÈRES DÉPLACÉS

Pouvez-vous observer attentivement la **forme et la place** de ces **6 caractères égyptiens** sans regarder ceux du bas ? Ensuite, **cachez l'image** pour poursuivre l'exercice.

À présent que vous avez masqué l'image du haut, pouvez-vous trouver quels **caractères** ont été **substitués** sur cette image ? Attention, les caractères ont été déplacés !

CARACTÈRES DÉPLACÉS

Pouvez-vous observer attentivement la **forme et la place** de ces **6 caractères égyptiens** sans regarder ceux du bas ? Ensuite, **cachez l'image** pour poursuivre l'exercice.

À présent que vous avez masqué l'image du haut, pouvez-vous trouver quels **caractères** ont été **substitués** sur cette image ? Attention, les caractères ont été déplacés !

CARACTÈRES DÉPLACÉS

Pouvez-vous observer attentivement **la forme et la place** de ces **6 caractères égyptiens** sans regarder ceux du bas ? Ensuite, **cachez l'image** pour poursuivre l'exercice.

À présent que vous avez masqué l'image du haut, pouvez-vous trouver quels **caractères** ont été **substitués** sur cette image ? Attention, les caractères ont été déplacés !

OBJETS, OÙ ÊTES-VOUS ?

Pouvez-vous observer attentivement **la forme et la place** des **6 éléments** disposés sur la grille ? Ensuite, **tournez la page** pour poursuivre l'exercice.

OBJETS, OÙ ÊTES-VOUS ?

Pouvez-vous **replacer correctement les 6 éléments** suivants ?
Indice : les cases qui comprennent un élément sont colorées.

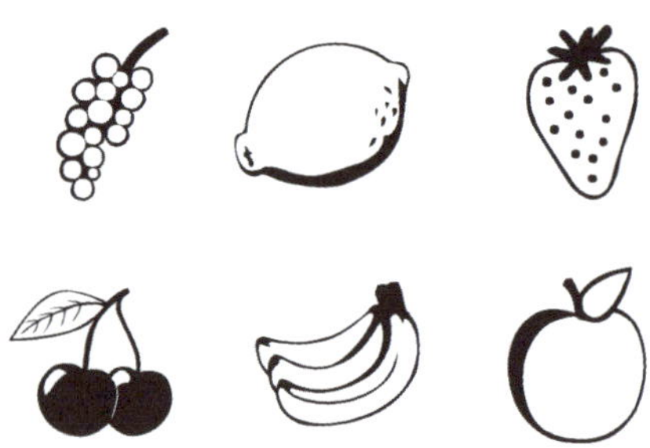

OBJETS, OÙ ÊTES-VOUS ?

Pouvez-vous observer attentivement la **forme et la place** des **6 éléments** disposés sur la grille ? Ensuite, **tournez la page** pour poursuivre l'exercice.

OBJETS, OÙ ÊTES-VOUS ?

Pouvez-vous **replacer correctement les 6 éléments** suivants ?
Indice : les cases qui comprennent un élément sont colorées.

FIGURES ENCHEVÊTRÉES

Pouvez-vous observer attentivement la **figure enchevêtrée** proposée sans regarder les figures du bas ? Ensuite, **cachez-la** pour poursuivre l'exercice.

À présent que vous avez masqué la figure du haut, pouvez-vous **déterminer les 3 éléments** qui la composaient, parmi les 9 proposés ?

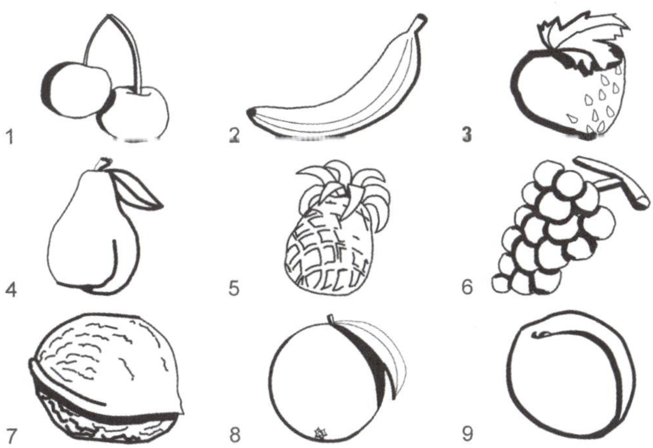

FIGURES ENCHEVÊTRÉES

Pouvez-vous observer attentivement la **figure enchevêtrée** proposée sans regarder les figures du bas ? Ensuite, **cachez-la** pour poursuivre l'exercice.

À présent que vous avez masqué la figure du haut, pouvez-vous **déterminer les 3 éléments** qui la composaient, parmi les 9 proposés ?

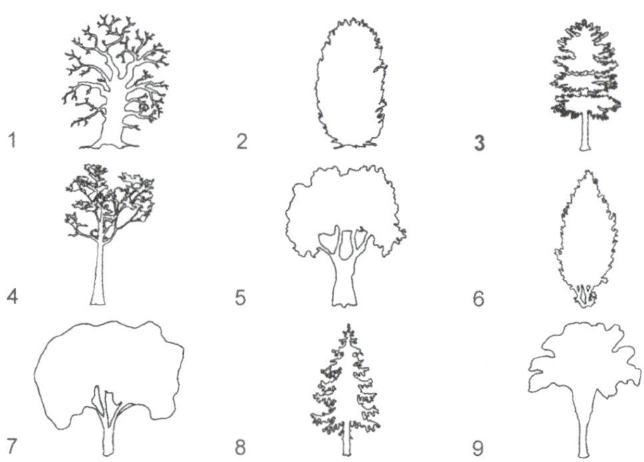

ATTENTION, ÇA TOURNE

Pouvez-vous déterminer si la figure de droite est **la même** que celle de gauche présentée sous un angle différent ou si elle est **l'inverse** de celle de gauche (autrement dit, une vue en miroir de celle de gauche) ?

ATTENTION, ÇA TOURNE

Pouvez-vous déterminer si la figure de droite est **la même** que celle de gauche présentée sous un angle différent ou si elle est **l'inverse** de celle de gauche (autrement dit, une vue en miroir de celle de gauche) ?

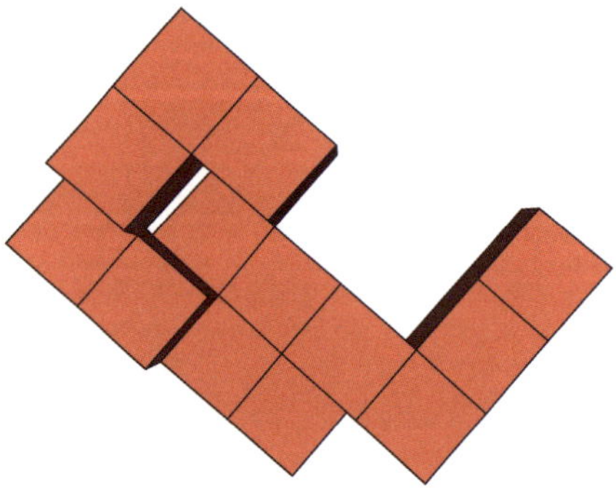

ATTENTION, ÇA TOURNE

Pouvez-vous déterminer si la figure de droite est **la même** que celle de gauche présentée sous un angle différent ou si elle est **l'inverse** de celle de gauche (autrement dit, une vue en miroir de celle de gauche) ?

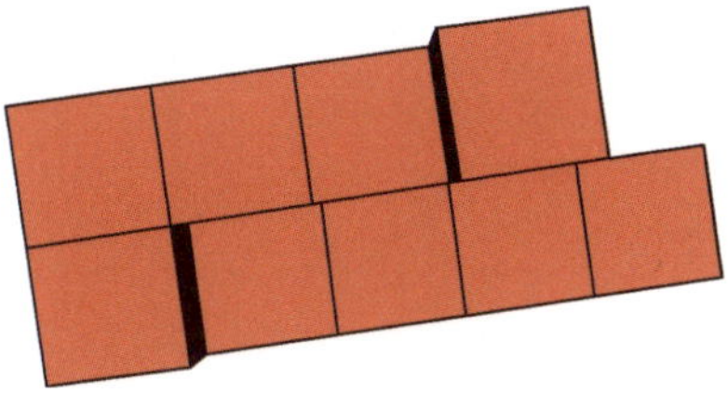

ATTENTION, ÇA TOURNE

Pouvez-vous déterminer si la figure de droite est **la même** que celle de gauche présentée sous un angle différent ou si elle est **l'inverse** de celle de gauche (autrement dit, une vue en miroir de celle de gauche) ?

RETROUVEZ LA FORME

Pouvez-vous **observer** attentivement les **4 figures** suivantes ? Ensuite, **tournez la page** pour poursuivre l'exercice.

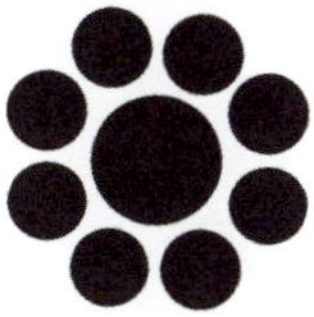

RETROUVEZ LA FORME

Pouvez-vous **retrouver** chacune des **4 figures** présentées en page précédente parmi 4 figures similaires ? Pour vous aider, l'ordre des figures a été respecté (la figure 1 se trouve sur la première ligne, etc.)

RETROUVEZ LA FORME

Pouvez-vous **observer** attentivement les **4 figures** suivantes ? Ensuite, **tournez la page** pour poursuivre l'exercice.

RETROUVEZ LA FORME

Pouvez-vous **retrouver** chacune des **4 figures** présentées en page précédente parmi 4 figures similaires ? Pour vous aider, l'ordre des figures a été respecté (la figure 1 se trouve sur la première ligne, etc.)

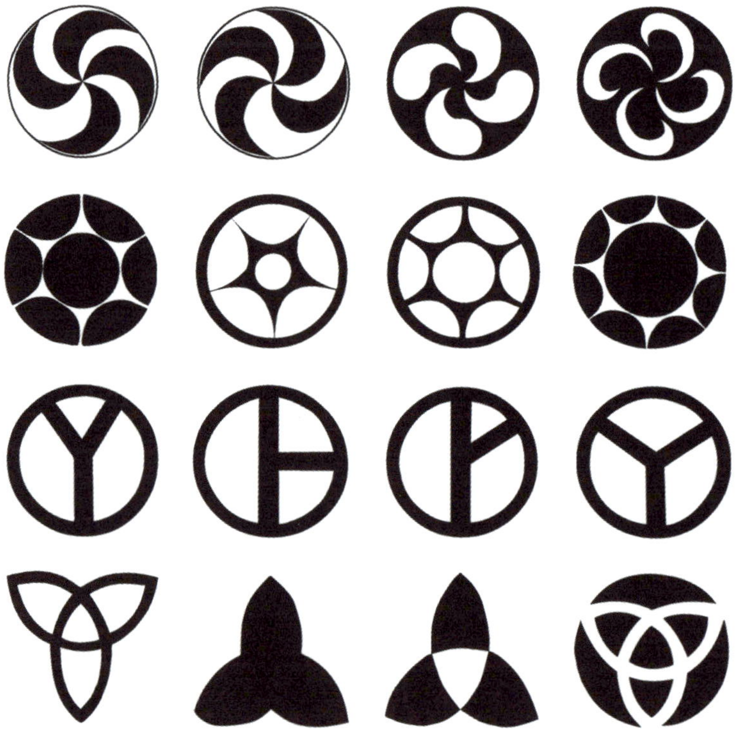

Exercer sa mémoire

Niveau moyen

QCM CULTUREL

Pouvez-vous trouver, parmi les **3 propositions**, la bonne réponse à ces **5 questions** de culture générale ?

Quelle est la plus grosse planète du système solaire ?

Saturne	**Jupiter**	**Uranus**

Quel jour célèbre-t-on Halloween ?

30 octobre	**31 octobre**	**1er novembre**

Combien les dessins animés actuels comptent-ils d'images par seconde ?

1	**18**	**24**

Quel est le symbole chimique du cuivre ?

Cu	**C**	**Ci**

À quel auteur latin doit-on *L'Énéide ?*

Virgile	**Ovide**	**Sénèque**

QCM CULTUREL

Pouvez-vous trouver, parmi les **3 propositions**, la bonne réponse à ces **5 questions** de culture générale ?

Dans quelle ville indienne peut-on visiter le célèbre Taj Mahal ?

Delhi	**Bénarès**	**Agra**

Combien d'oscars le film *Titanic* a-t-il obtenu ?

8	**9**	**11**

Quelle est la bonne orthographe ?

illéttré	**illettré**	**ilettré**

Quel est le prénom de l'amie de Gaston Lagaffe ?

Jeanne	**Hortense**	**Suzanne**

Quelle est la monnaie en usage au Maroc ?

dinar	**dirham**	**livre**

QUIZ CULTUREL

Pouvez-vous répondre à ces **5 questions** de culture générale ?

Quelle est la dernière lettre de l'alphabet grec ?

Votre réponse : ....

Dans la chanson de Brassens, où les amoureux se bécotent-ils ?

Votre réponse : ....

Quel Premier ministre a succédé à Lionel Jospin en 2002 ?

Votre réponse : ....

À quel constructeur automobile français doit-on le modèle *Alpine* ?

Votre réponse : ....

Quelle est la capitale du Canada ?

Votre réponse : ....

QUIZ CULTUREL

Pouvez-vous répondre à ces **5 questions** de culture générale ?

Qui aide le beau Christian de Neuvillette à conquérir le cœur de Roxane ?

Votre réponse : ....

Quel souverain français avait la salamandre pour emblème ?

Votre réponse : ....

Quels étaient les prénoms des frères Lumière, qui mirent au point le cinématographe ?

Votre réponse : ....

Quel ingénieur français a élaboré l'ossature de la statue de la Liberté ?

Votre réponse : ....

Dans la mythologie romaine, de quoi Mars est-il le dieu ?

Votre réponse : ....

TROUVEZ LES VILLES

Pouvez-vous retrouver le nom de chacune des **10 villes d'Italie** représentées ici par un point noir ?

ANACHRONISMES

Pouvez-vous répondre aux questions suivantes en **évitant les anachronismes** ?

1 - Sarah Bernhardt aurait-elle pu prendre la pilule ? Oui/Non

2 - Rabelais aurait-il pu lire l'heure sur un cadran solaire ? Oui/Non

3 - Louis XVI aurait-il pu jouer au tennis ? Oui/Non

4 - Marcel Pagnol aurait-il pu faire du patin à roulettes ? Oui/Non

5 - Clark Gable aurait-il pu se raser au rasoir électrique ? Oui/Non

6 - Verlaine aurait-il pu jouer au Monopoly ? Oui/Non

7 - Diderot aurait-il pu voler en zeppelin ? Oui/Non

8 - Cléopâtre aurait-elle pu contempler les pyramides de Gizeh ? Oui/Non

9 - Franco aurait-il pu lire *Tintin* ? Oui/Non

10 - Jacques Prévert aurait-il pu regarder la télévision ? Oui/Non

11 - Marco Polo et Christophe Colomb auraient-ils pu se rencontrer ? Oui/Non

12 - Moïse aurait-il pu lire les Évangiles ? Oui/Non

13 - Albert Einstein aurait-il pu naviguer à bord du *Titanic* ? Oui/Non

14 - Duke Ellington aurait-il pu jouer en duo avec Aretha Franklin ? Oui/Non

15 - Le maréchal Pétain aurait-il pu prendre le TGV ? Oui/Non

16 - Louis XV aurait-il pu contempler un feu d'artifice ? Oui/Non

17 - James Dean aurait-il pu passer l'aspirateur ? Oui/Non

18 - Jean Moulin aurait-il pu utiliser un réfrigérateur ? Oui/Non

19 - Gandhi aurait-il pu voir le débarquement en Normandie ? Oui/Non

20 - Albert Camus aurait-il pu voler en *Concorde* ? Oui/Non

TROUVEZ L'INTRUS

Pouvez-vous **déterminer l'intrus** qui se cache parmi chaque groupe de mots ?
Justifiez votre choix.

Pablo Picasso	**Salvador Dalí**	**Camille Pissarro**	**El Greco**	**Joan Miró**

Votre réponse : ....

granny-smith	**golden**	**williams**	**royal gala**	**reinette**

Votre réponse : ....

Esméralda	**Quasimodo**	**Jean Valjean**	**Fleur de Lys**	**Claude Frollo**

Votre réponse : ....

carpe	**thon**	**sardine**	**sole**	**morue**

Votre réponse : ....

Axelle Red	**Mylène Farmer**	**France Gall**	**Zazie**	**Patricia Kaas**

Votre réponse : ....

TROUVEZ L'INTRUS

Pouvez-vous **déterminer l'intrus** qui se cache parmi chaque groupe de mots ?
Justifiez votre choix.

Savoie	**Ain**	**Drôme**	**Haute-Loire**	**Ardèche**

Votre réponse : ....

Le 5e élément	**Le Grand Bleu**	**Léon**	**Jeanne d'Arc**	**Delicatessen**

Votre réponse : ....

kiwi	**raisin**	**ananas**	**noix de coco**	**mangue**

Votre réponse : ....

pédiatrie	**kinésithérapie**	**cardiologie**	**ophtalmologie**	**obstétrique**

Votre réponse : ....

poker	**rami**	**dames**	**crapette**	**mistigri**

Votre réponse : ....

MOITIÉ - MOITIÉ

Pouvez-vous compléter par un mot le nom de ces **titres de films** ?

Milou en ....

Escrocs mais pas ....

On connaît la ....

La Femme de mon ....

Alien, le huitième...

Les Vestiges du...

Le Patient...

Tous les matins du...

Au revoir les ....

Edward aux mains d'...

Pouvez-vous compléter par un mot ces **noms d'événements historiques** ?

La nuit des longs ....

Les taxis de la ....

L'opération Tempête du ....

Les sorcières de ....

L'appel du 18 ....

L'enlèvement des ....

La bataille de Little Big ....

Le serment du jeu de ....

Le vase de ....

La guerre de Trente ....

MOITIÉ - MOITIÉ

Pouvez-vous compléter par un mot le nom de ces **départements de France** ?

Val-de- ....

Meurthe-et-..

Seine- ....

Corse-du- ....

Loire-..

Maine-et-..

Tarn-et-. ....

Hauts-de-..

Pas-de-..

Charente- ....

Pouvez-vous compléter par un mot ces **citations historiques** bien connues ?

La garde meurt et ne se rend ....

Honni soit qui mal y ....

Après nous, le ....

Soldats, je suis content de ....

Qui m'aime me ....

Et pourtant, elle ....

Mon royaume pour un ....

Souviens-toi du vase de ....

J'y suis, j'y ....

Paris vaut bien une ....

QUI SUIS-JE ?

Pouvez-vous trouver le **nom d'un personnage** d'après les indications biographiques suivantes ?

Je nais dans une famille juive d'Allemagne le 14 mars 1879. Je suis un enfant solitaire que mes professeurs considèrent comme lent et médiocre. À l'âge de 16 ans, ne supportant plus le lycée et souhaitant échapper au service militaire, je pars pour l'Italie où mes parents se sont établis.

En 1896, j'intègre l'École polytechnique de Zurich dont je ressors diplômé en 1900. L'année suivante, je deviens citoyen suisse. En 1903, j'épouse Mileva Maric et je suis nommé expert auprès du Bureau des brevets de Berne, ce qui me laisse assez de temps libre pour m'adonner à ma passion, la physique.

En 1905, une revue scientifique publie deux de mes articles sur la relativité, qui vont révolutionner les théories de l'époque sur la matière. En 1907, je poursuis mes travaux sur la relativité générale et la chute des corps. En 1911, j'enseigne à Berne, puis à Prague, avant de retrouver l'École polytechnique de Zurich en 1912 en qualité de professeur.

Ma théorie sur la relativité générale est avérée et j'accède à la célébrité. J'utilise cette popularité pour défendre mes idéaux de paix et plaider la cause du peuple juif. La Seconde Guerre mondiale m'oblige à m'exiler aux États-Unis. J'adopte la nationalité américaine en 1940.

À la fin de ma vie, mes théories s'opposent à celles des jeunes physiciens. La maladie m'emporte en 1955.

Je suis ....

QUE SUIS-JE ?

Pouvez-vous trouver le **titre d'une œuvre** d'après les indications suivantes ?

Je suis un roman naturaliste de Guy de Maupassant, paru en 1885, d'abord sous forme de feuilleton puis en un seul volume. Écrit en quelques mois par un auteur alors à son apogée, je suis accueilli assez favorablement par la critique contemporaine.

Je relate la fulgurante ascension professionnelle et sociale de Georges Duroy, jeune provincial sans le sou, qui saura habilement utiliser les femmes de son entourage et son aptitude pour le journalisme pour parvenir à ses fins.

Guy de Maupassant fait une satire acerbe de certains milieux parisiens, les montrant hypocrites et intéressés, ce qui me vaut parfois le qualificatif de « roman pessimiste ».

La finesse et la justesse des portraits des personnages féminins, Mme Walter, Madeleine Forestier ou Clotilde de Marelle, me rendent également passionnant d'un point de vue sociologique et psychologique.

Je dois mon titre au surnom donné à mon personnage principal. Je suis devenu aujourd'hui un classique de la littérature française.

Je suis ....

VRAI OU FAUX

Pouvez-vous déterminer si les **affirmations** suivantes sont **vraies ou fausses** ?

1 - Euripide était un auteur de tragédies romain. Vrai/Faux

2 - Un arbre à feuilles caduques perd ses feuilles en hiver. Vrai/Faux

3 - La tomate est un fruit. Vrai/Faux

4 - L'Inde est le pays qui produit le plus de films au monde. Vrai/Faux

5 - Un triangle isocèle possède trois côtés de même longueur. Vrai/Faux

6 - Un pongiste est un joueur de ping-pong. Vrai/Faux

7 - Louis XVII n'a jamais régné en France. Vrai/Faux

8 - La pissaladière est une sorte de tarte aux anchois. Vrai/Faux

9 - Abidjan est la capitale de la Côte d'Ivoire. Vrai/Faux

10 - Dalida était originaire d'Égypte. Vrai/Faux

11 - Le pic d'Aneto est le plus haut sommet des Pyrénées. Vrai/Faux

12 - Les ouvriers lyonnais de la soie étaient appelés canuts. Vrai/Faux

13 - Le dromadaire possède deux bosses. Vrai/Faux

14 - L'un des nains de Blanche-Neige se nomme Content. Vrai/Faux

15 - Les États-Unis comptent 51 États. Vrai/Faux

16 - Le mot kiwi peut désigner soit un fruit, soit un oiseau. Vrai/Faux

17 - Morris est le scénariste de la bande dessinée *Lucky Luke*. Vrai/Faux

18 - Le téléphone a été inventé au début du XXe siècle. Vrai/Faux

19 - C'est la chlorophylle qui donne leur couleur verte aux végétaux. Vrai/Faux

20 - L'ombilic est le nom savant du nombril. Vrai/Faux

VRAI OU FAUX

Pouvez-vous déterminer si les **affirmations** suivantes sont **vraies ou fausses** ?

1 - Kaboul est la capitale du Pakistan. Vrai/Faux

2 - Louis XIV était l'arrière-grand-père de Louis XV. Vrai/Faux

3 - Isabelle Adjani a incarné Camille Claudel au cinéma. Vrai/Faux

4 - Keith Richard fait partie du groupe les Rolling Stones. Vrai/Faux

5 - La Crète est un État indépendant. Vrai/Faux

6 - Le support d'une balle de golf s'appelle un tee. Vrai/Faux

7 - Björk est une chanteuse norvégienne. Vrai/Faux

8 - La poutre est un agrès exclusivement féminin. Vrai/Faux

9 - La gabelle était un impôt sur le sel. Vrai/Faux

10 - L'Amour est un fleuve qui coule en Asie. Vrai/Faux

11 - Vulcain est un dieu de la mythologie grecque. Vrai/Faux

12 - L'espagnol est une langue romane. Vrai/Faux

13 - Le sushi est une spécialité culinaire chinoise. Vrai/Faux

14 - *Nikita* est un film de Jean-Jacques Annaud. Vrai/Faux

15 - Privas est le chef-lieu de l'Ardèche. Vrai/Faux

16 - Le pape Jean-Paul II est d'origine tchèque. Vrai/Faux

17 - Un numismate collectionne les timbres. Vrai/Faux

18 - Le palais de l'Ermitage se trouve à Moscou. Vrai/Faux

19 - Dante est un écrivain italien. Vrai/Faux

20 - La Bible fut le premier livre imprimé par Gutenberg. Vrai/Faux

RETROUVEZ LES ASSOCIATIONS

Pouvez-vous associer chaque **inventeur** à une **invention** ?

Alessandro Volta	•	•	**revolver**
Samuel Colt	•	•	**télégraphe électrique**
Thomas Edison	•	•	**pile électrique**
Samuel Morse	•	•	**machine à vapeur**
Denis Papin	•	•	**phonographe**

Pouvez-vous associer chaque **animal** à une **classe** ?

barbue	•	•	**oiseaux**
mainate	•	•	**poissons**
limace	•	•	**amphibiens**
tourteau	•	•	**mollusques**
crapaud	•	•	**crustacés**

RETROUVEZ LES ASSOCIATIONS

Pouvez-vous associer chaque **élément chimique** à un **symbole** ?

sodium	•	•	**P**
plomb	•	•	**Ag**
phosphore	•	•	**Na**
argent	•	•	**Al**
aluminium	•	•	**Pb**

Pouvez-vous associer chaque **film** à un **réalisateur** ?

Orange mécanique	•	•	**Quentin Tarantino**
Maudite Aphrodite	•	•	**Stanley Kubrick**
Pulp Fiction	•	•	**Steven Spielberg**
La Liste de Schindler	•	•	**Pedro Almodóvar**
Talons aiguilles	•	•	**Woody Allen**

LE CHAÎNON MANQUANT

Pouvez-vous retrouver **l'élément qui manque** à chacun de ces groupes ?

Évangélistes :
Saint Luc ; Saint Jean ; Saint Matthieu ; ....

Pays Baltes :
Estonie ; Lituanie ; ....

Couleurs des ceintures au judo :
blanche ; jaune ; orange ; bleue ; marron ; noire ; ....

Pays frontaliers du Chili :
Pérou ; Bolivie ; ....

Départements de la région Bretagne :
Côtes-d'Armor ; Ille-et-Vilaine ; Morbihan ; ....

Même consigne que précédemment. Cette fois, essayez en plus de **trouver un nom** générique à chaque groupe.

Prof ; Grincheux ; Atchoum ; Dormeur ; Simplet ; Joyeux ; ....

poids ; disque ; javelot ; ....

Mercure ; Vénus ; Terre ; Mars ; Jupiter ; Saturne ; Neptune ; Pluton ; ....

Angleterre ; Pays de Galles ; Irlande du Nord ; ....

roi ; reine ; fou ; cavalier ; pion ; ....

À VOUS DE RANGER

Pouvez-vous classer tous les mots de la liste ci-dessous en **4 catégories** et donner un **titre** à chacune de ces catégories ?

Amon ; Anubis ; Aphrodite ; Athéna ; Bacchus ; Brahma ; Diane ; Dionysos ; Éros ; Ganesh ; Hathor ; Horus ; Isis ; Junon ; Kali ; Mars ; Neptune ; Poséidon ; Shiva ; Vishnou

Titre :	**Titre :**	**Titre :**	**Titre :**

TROUVEZ LE PAYS

Pouvez-vous trouver à **quels pays** correspondent les fonds de carte présentés ?

Votre réponse : ....

Votre réponse : ....

TROUVEZ LE PAYS

Pouvez-vous trouver à **quels pays** correspondent les fonds de carte présentés ?

Votre réponse : ....

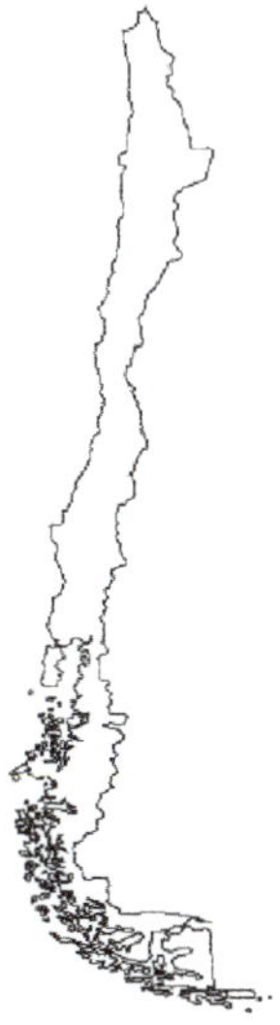

Votre réponse : ....

TROUVEZ LA DATE

Pouvez-vous trouver en **quelle année** se sont produits ces événements historiques ? Vous disposez de 3 choix de réponses.

La mort du pape Jean-Paul Ier :	**1971**	**1978**	**1982**
La bataille de Waterloo :	**1797**	**1815**	**1850**
L'avènement de Louis XIV :	**1599**	**1617**	**1643**
L'invention du cinématographe :	**1895**	**1905**	**1915**
Le serment du Jeu de paume :	**1779**	**1789**	**1799**

Même question que précédemment, mais cette fois sans indices.

La démission du général de Gaulle : ....

La décapitation de Louis XVI : ....

L'avènement du Front populaire : ....

La destruction d'Hiroshima par la bombe atomique : ....

La fin du mandat présidentiel de Valéry Giscard d'Estaing : ....

TROUVEZ LES COUPLES

Pouvez-vous trouver les **20 couples** ou **duos** qui se cachent dans cette grille ?

Lauren Bacall	Caïn	Candide	Emma Peel	Jean-Paul Sartre
Dany Wilde	Mia Farrow	Marilyn Monroe	Camille Claudel	Jason
Roger Vadim	Henri II	Prince Andrew	Marina Anissina	Régis Laspalès
La marquise de Merteuil	Auguste Rodin	Abel	Édith Piaf	Sissi
Aristote Onassis	Loïs Lane	Philippe Chevallier	Brett Sinclair	Jacqueline Kennedy
Sarah Ferguson	Marcel Cerdan	Humphrey Bogart	Arthur Miller	Catherine de Médicis
John Steed	Simone de Beauvoir	Le vicomte de Valmont	Médée	Cunégonde
Catherine Deneuve	Clark Kent	Woody Allen	François-Joseph Ier	Gwendal Peizerat

Vos réponses : ....

....

....

....

....

DÉCHIFFREMENT

Pouvez-vous déchiffrer cette citation dont les **lettres** ont été **remplacées** par des **symboles**, sachant qu'une lettre donnée correspond toujours au même symbole ?

Indice : Les cases correspondant à des **voyelles** sont **grisées**.

Citation de Sacha Guitry

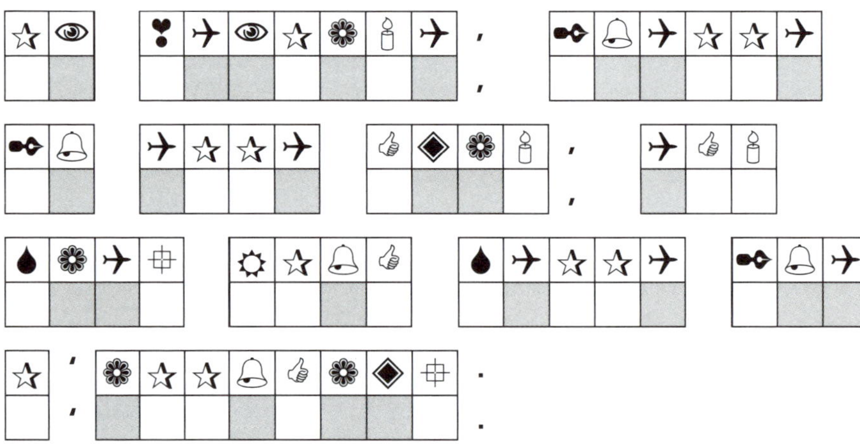

DÉCHIFFREMENT

Pouvez-vous déchiffrer cette citation dont les **lettres** ont été **remplacées** par des **symboles**, sachant qu'une lettre donnée correspond toujours au même symbole ?

Indice : Les cases correspondant à des voyelles sont grisées.

Citation d'André Gide

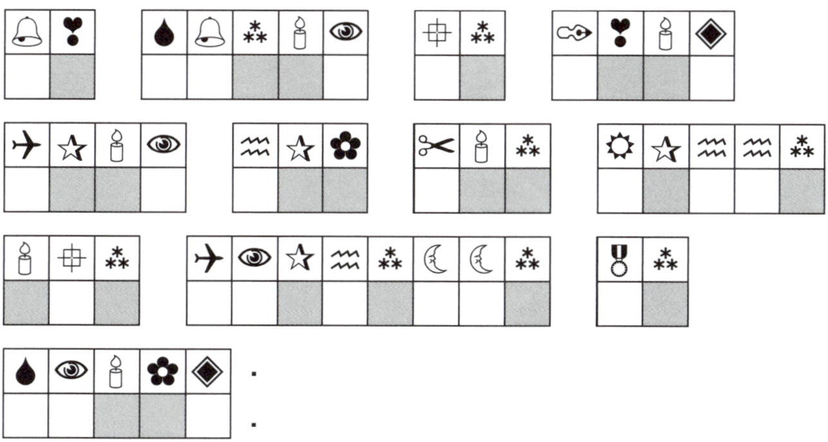

TOURS DE HANOI

Pouvez-vous trouver le **nombre de déplacements d'anneaux nécessaires** pour passer de la configuration A à la configuration B, sachant que :
– les anneaux ne peuvent sortir des tiges que par le haut,
– vous ne pouvez placer un anneau sur un autre qui soit plus petit,
– vous ne pouvez déplacer qu'un seul anneau à la fois.

A 1 2 3

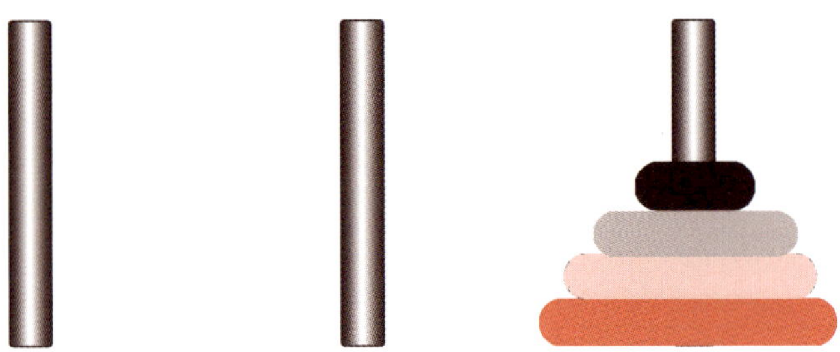

B 1 2 3

QUE D'ACCROCS DANS CETTE HISTOIRE

Pouvez-vous lire le texte suivant, puis le compléter avec les **15 mots** qui se trouvent dans le tableau, sachant que chaque mot ne peut être utilisé qu'une seule fois ?

Texte extrait de : *Tartuffe*, de Molière.

Je sais qu'un tel .... de moi paraît étrange ;

Mais, Madame, après tout, je ne suis pas un .... ;

Et si vous .... l'aveu que je vous fais,

Vous devez vous en prendre à vos charmants ....

Dès que j'en vis .... la splendeur plus qu'............................,

De mon .... vous fûtes souveraine ;

De vos .... divins l'............................ douceur

Força la .... où s'obstinait mon .... ;

Elle .... tout, jeûnes, ..., larmes,

Et .... tous mes .... du côté de vos charmes.

condamnez	résistance	attraits	regards	humaine
intérieur	surmonta	cœur	ange	vœux
tourna	discours	briller	prières	ineffable

QUE D'ACCROCS DANS CETTE HISTOIRE

Pouvez-vous lire le texte suivant, puis le compléter avec les **15 mots** qui se trouvent dans le tableau, sachant que chaque mot ne peut être utilisé qu'une seule fois ?

Texte extrait de : *Le Père prudent et équitable*, de Marivaux.

N'............................ point de moi de marques de douleur ;

On ne .... presque rien à perdre un .... cœur ;

Et ce serait .... une faiblesse ....,

Par de lâches .... de prouver qu'on vous aime,

Vous qui n'avez pour moi qu'............................

Doit-on par des .... payer la .... ?

C'en est fait, je vous .... à votre indifférence ;

Je vais mettre à vous fuir mon .... constance ;

Et si vous m'............................ d'un si .... destin,

Vous ne .... pas du moins de mon ....

perd	**transports**	**laisse**	**mauvais**	**cruauté**
unique	**jouirez**	**attendez**	**insensibilité**	**montrer**
soupirs	**extrême**	**cruel**	**chagrin**	**accablez**

ÉCRIRE DANS LES ÉTOILES

Pouvez-vous **compléter ces étoiles**, sachant que seulement **6 des 9 mots** dont vous disposez peuvent être utilisés et qu'il vous faut respecter le **sens des flèches** ?

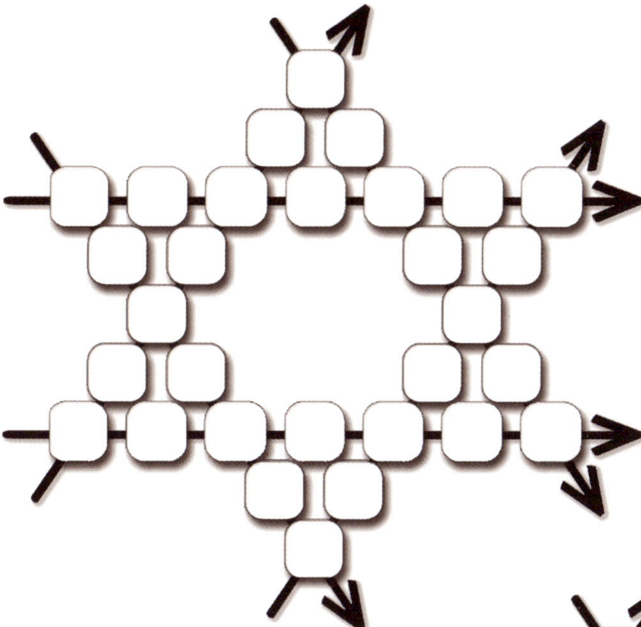

BARONNE
BLOUSON
IDIOTIE
NAIVETE
POSTIER
PROGRES
SECTEUR
SENSEUR
SEXTANT

AMPHORE
BARATIN
BECHAGE
BROUSSE
CASAQUE
CHOUCAS
ESQUIVE
SIFFLET
SUAVITE

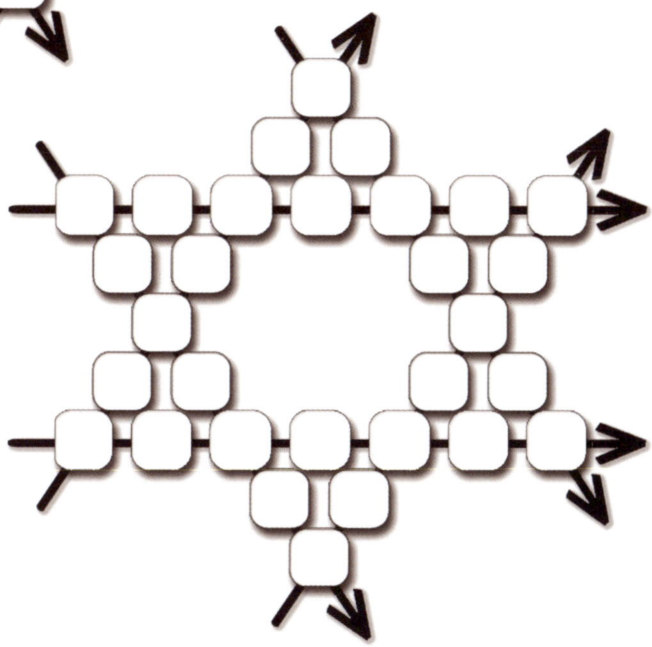

LA SAISON DES HAÏKUS

Les haïkus sont de **brefs poèmes japonais traditionnels** de 3 vers qui évoquent implicitement une saison. Pouvez-vous déterminer à **quelle saison** chacun des haïkus suivants fait-il allusion ?

Prenant le frais sur le pont
La lune et moi
Demeurons seuls

Votre réponse : ....

Chaque fleur nouvelle au prunier
Fait monter
La chaleur

Votre réponse : ....

La veilleuse brûle encore
Quatre heures sonnent
La brève nuit

Votre réponse : ....

Un humain
Une mouche
Dans une vaste chambre

Votre réponse : ....

Première neige
Les feuilles des narcisses
À peine ployées

Votre réponse : ....

JOUEZ AU BASKET

Pouvez-vous trouver le **nombre de coups nécessaires** pour passer de la configuration A à la configuration B, sachant que :
- **les ballons ne peuvent sortir des paniers que par le haut,**
- **chaque panier contient 3 ballons au maximum,**
- **vous ne pouvez déplacer qu'un seul ballon à la fois.**

1 **2** **3**

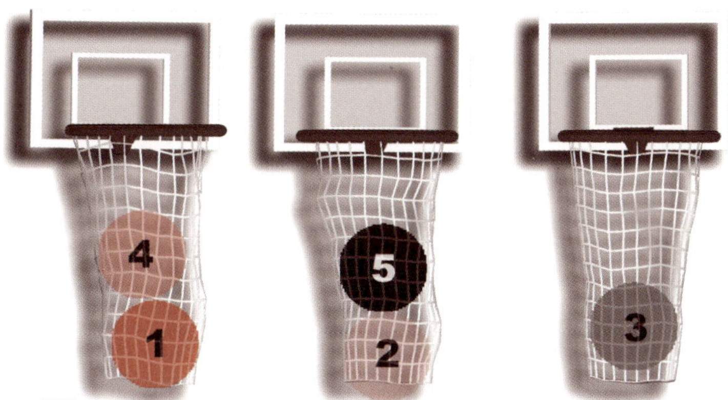

A

1 **2** **3**

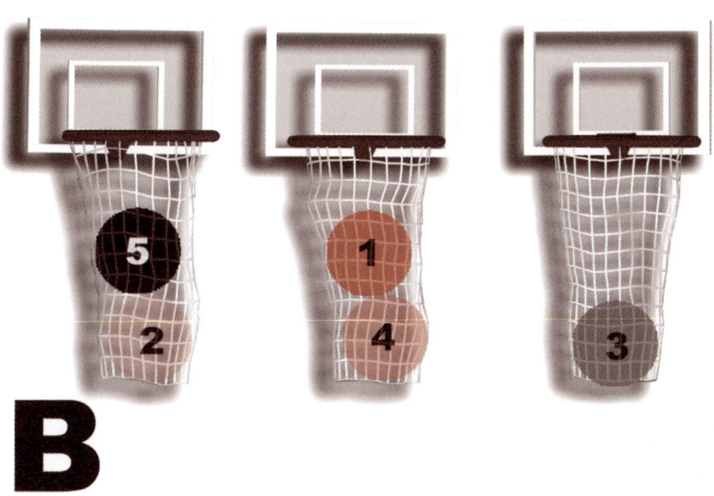

B

JOUEZ AU BASKET

Pouvez-vous trouver le **nombre de coups nécessaires** pour passer de la configuration A à la configuration B, sachant que :

- **les ballons ne peuvent sortir des paniers que par le haut,**
- **chaque panier contient 3 ballons au maximum,**
- **vous ne pouvez déplacer qu'un seul ballon à la fois.**

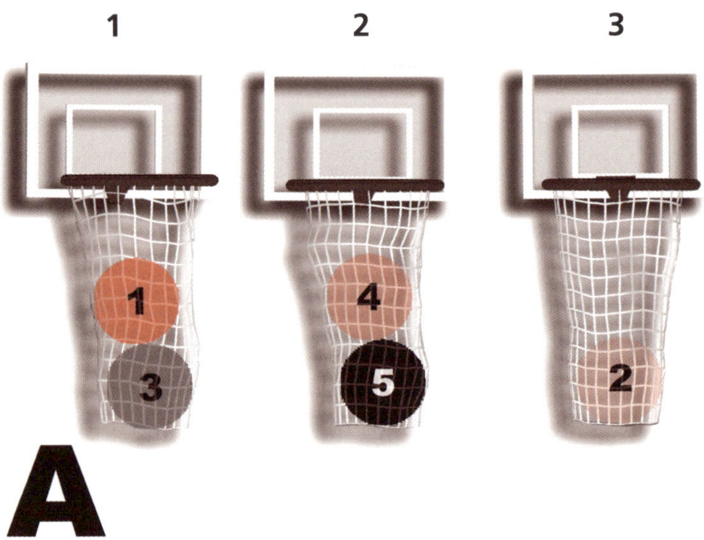

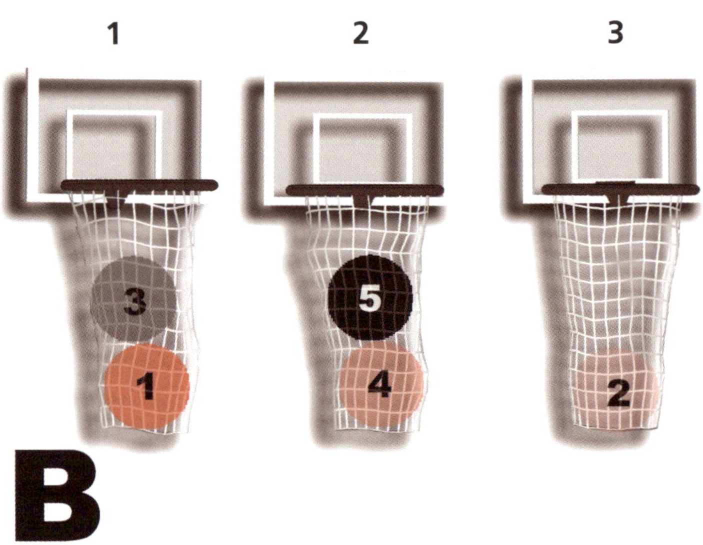

CALCUL MENTAL

Pouvez-vous **résoudre de tête**, sans papier ni crayon, chacun des **2 petits problèmes** mathématiques suivants ?

1er problème :

Simon a 17 ans.
Dans 8 ans, l'âge de son grand-père sera le triple de celui de Simon.

Quel âge a le grand-père de Simon aujourd'hui ?

....

2e problème :

Le zoo possède des flamants roses, des serpents et des éléphants.
Jules a compté un total de 50 yeux, 6 trompes et 40 pattes.

Combien le zoo possède-t-il de serpents ?

....

TROUVEZ LE MOT CACHÉ

Pouvez-vous trouver en **1 minute** le nom commun de **8 lettres** caché dans chacune des grilles, sachant que les lettres du mot sont **adjacentes** mais ne peuvent se suivre en diagonale ?

Indice : Le mot appartient à la catégorie **Oiseaux**.

S	S	E	T
I	U	E	T
G	O	L	A
U	E	T	N

Indice : Le mot appartient à la catégorie **Armes**.

H	A	U	G
U	P	O	R
N	G	I	F
A	R	D	E

TROUVEZ LE MOT CACHÉ

Pouvez-vous trouver en **1 minute** le nom commun de **8 lettres** caché dans chacune des grilles, sachant que les lettres du mot sont **adjacentes** mais ne peuvent se suivre en diagonale ?

Indice : Le mot appartient à la catégorie **Minéraux**.

P	A	I	R
H	C	L	E
E	C	A	N
G	U	S	T

Indice : Le mot appartient à la catégorie **Fleurs**.

A	D	V	O
S	T	N	I
E	H	A	C
R	P	J	U

QUESTION D'ORTHOGRAPHE

Pouvez-vous retrouver parmi les 3 propositions la **bonne orthographe** des mots suivants ?

charette	charrète	charrette
résolûment	résolument	résoluement
acquittement	aquittement	acquitement
éthymologie	étymologie	éthimologie
génèse	genése	genèse
hospitalier	hôspitalier	hospitallier
gentillement	gentimment	gentiment
cromosome	chromosome	chromosomme
jarretière	jaretière	jarrettière
essenciel	éssentiel	essentiel
pulluler	pululer	pululler
récéptionniste	réceptionniste	réceptioniste
solannellement	solennellement	solenellement
quetsche	quètche	quetche
récèpissé	récépicé	récépissé
scepticisme	septicisme	scèpticisme
téléscope	télescope	télèscope
effervecence	effervescense	effervescence
électrolyse	éléctrolyse	électrolise
moëlle	moelle	moèlle

MÉMORISEZ LES VERBES

Pouvez-vous **lire** attentivement ce texte en observant particulièrement la **place des verbes** qui structurent l'histoire ? Ensuite, **tournez la page** pour poursuivre l'exercice.

Visite à la prison

Tandis que je passais les jours à m'égayer dans mes réflexions, mes aventures, telles que je les avais dictées dans ma déposition, se répandirent dans la ville. Plusieurs personnes me voulurent voir par curiosité. Ils venaient l'un après l'autre se présenter à une petite fenêtre par où le jour entrait dans ma prison, et lorsqu'ils m'avaient considéré quelque temps, ils s'en allaient.

Texte extrait de : *Gil Blas de Santillane*, d'Alain René Lesage.

MÉMORISEZ LES VERBES

Pouvez-vous **remettre** les verbes ci-dessous **dans l'ordre** qu'ils occupaient dans le texte ?

voulurent	1	
s'en allaient	2	
passais	3	
venaient	4	
avais dictées	5	
avaient considéré	6	
entrait	7	
se répandirent	8	

MÉMORISEZ LES VERBES

Pouvez-vous **lire** attentivement ce texte en observant particulièrement la **place des verbes** qui structurent l'histoire ? Ensuite, **tournez la page** pour poursuivre l'exercice.

Un chevreuil à l'épicerie

Le chevreuil s'embarrassa les pattes dans de petites charrettes d'enfant amoncelées par terre avec les joujoux communs. M. Jageot poussa un cri de terreur. Le chevreuil se releva et donna des cornes dans des têtes de loup, des pelotes de ficelles, des petits balais qui étaient accrochés au plafond. L'épicier prit son cornet de poudre de sucre et le brandit comme une lance : la poudre de sucre vola sur son comptoir.

Texte extrait de : *Les Bourgeois de Molinchart*, de Champfleury.

MÉMORISEZ LES VERBES

Pouvez-vous **remettre** les verbes ci-dessous **dans l'ordre** qu'ils occupaient dans le texte ?

étaient accrochés	1	
poussa	2	
donna	3	
vola	4	
se releva	5	
brandit	6	
s'embarrassa	7	
prit	8	

FÉMININ OU MASCULIN ?

Observez attentivement cette grille contenant **8 mots féminins** et **8 mots masculins**.

amande	**épisode**	**jupe**	**amiante**
juge	**tertre**	**edelweiss**	**hortensia**
horloge	**amanite**	**tréteau**	**amarre**
épître	**hormone**	**jute**	**épitaphe**

À présent, pouvez-vous **trier les mots** de la grille **selon leur genre**, en les notant dans l'**ordre alphabétique** ?

Mots féminins	Mots masculins

PAIR OU IMPAIR ?

Observez attentivement cette grille contenant **8 nombres pairs** et **8 nombres impairs**.

696969	**75684**	**800569**	**969696**
800567	**362517**	**614582**	**544662**
612536	**54466**	**213695**	**365217**
96969	**210210**	**504461**	**75864**

À présent, pouvez-vous **trier les nombres** de la grille **selon qu'ils sont pairs ou impairs**, en les notant dans l'**ordre croissant** ?

Nombres pairs	Nombres impairs

MOTS COUPÉS

Pouvez-vous reconstituer **20 noms** communs de **2 syllabes** avec les syllabes dont vous disposez dans cette grille ? Attention, chaque syllabe ne peut être utilisée qu'une seule fois !

Indice : Tous les mots de la grille appartiennent au thème **Corps humain**.

jam	ai	cou	lè	nom
nou	bus	che	or	be
lo	de	ton	vre	cor
tê	rax	ven	ne	ge
tex	teil	be	te	tem
pou	pe	nu	lon	tho
bril	bou	tre	gnet	ta
poi	ce	men	que	te

Vos réponses : ....

....

....

....

....

MOTS COUPÉS

Pouvez-vous reconstituer **20 noms** communs de **2 syllabes** avec les syllabes dont vous disposez dans cette grille ? Attention, chaque syllabe ne peut être utilisée qu'une seule fois !

Indice : Tous les mots de la grille appartiennent au thème **Sports**.

ka	voi	lu	ket	po
foot	tte	vo	ckey	che
raf	lo	nnis	plon	ju
sleigh	do	bas	do	le
rug	lo	to	ball	bob
vé	ting	xe	yak	lley
lu	te	mar	ge	ho
mo	bo	ken	by	geon

Vos réponses : ....

....

....

....

....

TRIEZ LES MOTS

Pouvez-vous classer tous les mots de la liste ci-dessous en **4 catégories** et donner un **titre** à chacune de ces catégories ?

balle ; baudrier ; bois ; bombe ; club ; cravache ; dégaine ; descendeur ; disque ; éperon ; javelot ; marteau ; mors ; mousqueton ; perche ; poids ; putter ; rêne ; sangle ; tee

Titre :	**Titre :**	**Titre :**	**Titre :**

TRIEZ LES MOTS

Pouvez-vous classer tous les mots de la liste ci-dessous en **4 catégories** et donner un **titre** à chacune de ces catégories ?

algazelle ; anaconda ; aspic ; atèle ; bonobo ; cobra ; crotale ; gazelle ; gibbon ; impala ; mamba ; mandrill ; noctule ; oreillard ; oryx ; ouistiti ; pipistrelle ; roussette ; springbok ; vampire

Titre :	**Titre :**	**Titre :**	**Titre :**

MÉMOIRE D'ÉLÉPHANT

Mémorisez pendant **90 secondes** les **25 mots** présents sur cette grille. Ensuite, tournez la page pour poursuivre l'exercice.
Un conseil : Pensez à regrouper les mots par catégories, vous les mémoriserez plus facilement !

aigle	**colonel**	**cerise**	**orgueil**	**pigeon**
elfe	**pince**	**mépris**	**escarpin**	**tournevis**
botte	**groseille**	**milan**	**adjudant**	**général**
jalousie	**caporal**	**ogre**	**airelle**	**sirène**
corbeau	**orange**	**rancune**	**soulier**	**burin**

MÉMOIRE D'ÉLÉPHANT

Pouvez-vous retrouver les **25 mots** de la grille précédente parmi ces **70 mots** ?

abeille	milan	golf	colline	sirène
ogre	bleu	pantin	botte	mémoire
bouton	caporal	douleur	tournevis	bataille
elfe	ciel	radis	cigare	douve
café	bague	aigle	train	orange
magazine	rancune	algue	général	symétrie
pince	plume	groseille	mariage	cerise
ivresse	rougeole	gardon	jupe	règle
journée	mépris	chocolat	colonel	auteur
airelle	volant	burin	foin	cuivre
repas	corbeau	finesse	escarpin	sport
bras	ficelle	divinité	couvent	orgueil
boucher	soulier	tournoi	pigeon	patin
adjudant	puzzle	jalousie	théâtre	case

LE JUSTE MOT

Pouvez-vous retrouver le mot auquel correspond cette **définition** parmi les **3 propositions** ?

« Titre de noblesse se situant au-dessous de marquis et au-dessus de vicomte »

duc	**baron**	**comte**

« Breuvage des dieux dans la mythologie grecque »

manne	**ambroisie**	**nectar**

« Autre nom du paludisme »

malaria	**jaunisse**	**typhus**

« Quadrilatère dont tous les côtés ont la même longueur »

losange	**rectangle**	**trapèze**

« Garçon d'écurie qui s'occupe des chevaux de course »

pal	**lad**	**van**

LE JUSTE MOT

Pouvez-vous retrouver le mot auquel correspond cette **définition** ?

« Signe distinctif des différents grades dans l'armée, que les militaires portent sur leur uniforme »

Votre réponse : ....

« Mouton ou agneau entier cuit à la broche au feu de bois »

Votre réponse : ....

« Partie postérieure du cou située au-dessous de l'occiput »

Votre réponse : ....

« Condiment à base de purée de tomates, vinaigre, oignons et épices »

Votre réponse : ....

« Réunion nationale ou internationale de scouts »

Votre réponse : ....

LE JUSTE MOT

Pouvez-vous retrouver quelle est la **bonne définition** du mot proposé ?

ostréiculture

- culture des huîtres
- culture des moules
- culture des oursins

poulaine

- chaussure caractérisée par une pointe longue et relevée, que l'on portait à la Renaissance
- jeune poule destinée à être engraissée
- jeune jument âgée de un an et demi à 3 ans

décorum

- vitrine conçue pour l'exposition des médailles et des décorations militaires
- ensemble des usages de la bonne société, règles protocolaires
- chez les Romains, registre dans lequel étaient consignés les différents types de frises et de motifs utilisés dans la décoration d'un palais

pâtisson

- en pâtisserie, pâte qui n'a pas encore levé
- variété de courge de couleur blanchâtre
- vers annélide translucide qui se développe dans les eaux stagnantes

clamp

- instrument composé de deux plaquettes de bois reliées par une charnière utilisé sur les tournages de cinéma
- mollusque marin comestible que l'on rencontre dans l'océan Atlantique
- instrument de chirurgie utilisé pour pincer les vaisseaux ou les canaux

HAÏKUS

Un haïku est un **bref poème japonais traditionnel** de 3 vers. Dans chacun des haïkus suivants se cache un **mot intrus**, qui a été substitué à un mot initial et qui rend le **poème incongru**.
Pouvez-vous le retrouver ?

La joie a clos
Sa bouche
Quelle chaleur !

Votre réponse :
....

Vont-ils bouger ?
Pas un bambou ne mange
Quelle chaleur !

Votre réponse :
....

Plus froide que la neige même
La lune d'hiver
Sur mes chevaux blancs

Votre réponse :
....

Si l'on éclabousse bien le tonnerre
On entend mille et mille bruits
Différents

Votre réponse :
....

Elles parlent bas
Les oies sauvages
Il va pleuvoir

Votre réponse :
....

HAÏKUS

Un haïku est un **bref poème japonais traditionnel** de 3 vers. Dans chacun des haïkus suivants se cache un **mot intrus**, qui a été substitué à un mot initial et qui rend le **poème incongru**.
Pouvez-vous le retrouver ?

Poursuivies par les nénuphars
Elles se sont cachées dans la lune
Les lucioles

Votre réponse :
....

Les prairies sont brumeuses
Les eaux font silence
C'est le vacarme

Votre réponse :
....

Au milieu de la plaine
Chante l'asperge
Libre de toutes choses

Votre réponse :
....

Sur la montagne à marée basse
Tout ce qu'on ramasse
Bouge

Votre réponse :
....

Le miaulement de la vache
Dans l'étable
Sous la lune voilée

Votre réponse :
....

VIDEZ VOTRE SAC

Pouvez-vous donner en **2 minutes** un maximum de **noms communs** au singulier de **4 lettres** commençant par les 2 lettres données ?

Racine | M | O | _ | _ |

Vos réponses : ....
....
....

Racine | F | A | _ | _ |

Vos réponses : ....
....
....

VIDEZ VOTRE SAC

Pouvez-vous donner en **2 minutes** un maximum de **noms communs** au singulier de **4 lettres** commençant par les 2 lettres données ?

Racine B R _ _

Vos réponses : ....

....

....

Racine M I _ _

Vos réponses : ....

....

....

JEUX DE MOTS

Pouvez-vous trouver **le contraire** des 10 mots suivants ? Pour vous aider, la première lettre du mot est donnée.

hypotension : h..

avouer : n..

prodigue : a..

nocturne : d..

convexe : c..

obligatoire : f..

objectivité : s..

définitif : p..

stérile : f..

individuel : c..

Pouvez-vous déterminer les deux **synonymes** qui se cachent à l'intérieur de chaque groupe de mots?

humeur	**habitude**	**comportement**	**attitude**	**pose**
suspicieux	**confiant**	**suspect**	**silencieux**	**soupçonneux**
éligible	**intelligible**	**intelligent**	**compréhensible**	**compréhensif**
duègne	**nourrice**	**blanchisseuse**	**gouvernante**	**nonne**
sûreté	**honnêteté**	**probité**	**prudence**	**propreté**

AVOIR LE DERNIER MOT

Pouvez-vous **lire attentivement** les 5 phrases suivantes et **mémoriser le dernier mot** de chacune ? Ensuite, **tournez la page** pour poursuivre l'exercice.

Hier, un camion qui transportait des bouteilles d'eau s'est renversé sur l'autoroute.

La tapisserie bordeaux assombrissait beaucoup le vestibule de l'appartement.

Épuisé, le jeune homme s'était endormi à l'ombre d'un cerisier en fleur.

Le cours a été annulé car le professeur de ski nautique a attrapé une angine.

Au moment de faire son discours, le réalisateur récompensé a pris un fou rire.

AVOIR LE DERNIER MOT

D'après ce que vous avez lu en page précédente, pouvez-vous **répondre** à ces questions ?

À l'ombre de quel arbre le jeune homme s'était-il endormi ?
– un pêcher
– un prunier
– un cerisier

Que transportait le camion qui s'est renversé sur l'autoroute ?
– des boîtes de conserve
– des bouteilles d'eau
– des sacs de farine

À présent, pouvez-vous inscrire ci-dessous le dernier mot de chaque phrase ?

Phrase 1 : ....

Phrase 2 : ....

Phrase 3 : ....

Phrase 4 : ....

Phrase 5 : ....

OBSERVATION

1re disposition :
Pouvez-vous **observer attentivement** la disposition suivante ?
Ensuite, **tournez la page** pour poursuivre l'exercice.

OBSERVATION

Pouvez-vous **répondre** aux questions suivantes ?

Combien y avait-il de formes de chapeaux différentes ?

....

De quelle couleur les loups étaient-ils ?

....

Les couronnes étaient-elles toutes de la même couleur ?

....

Voyait-on partiellement l'intérieur des couronnes ?

....

OBSERVATION

2e disposition :
Pouvez-vous **observer attentivement** la disposition suivante ?
Ensuite, **tournez la page** pour poursuivre l'exercice.

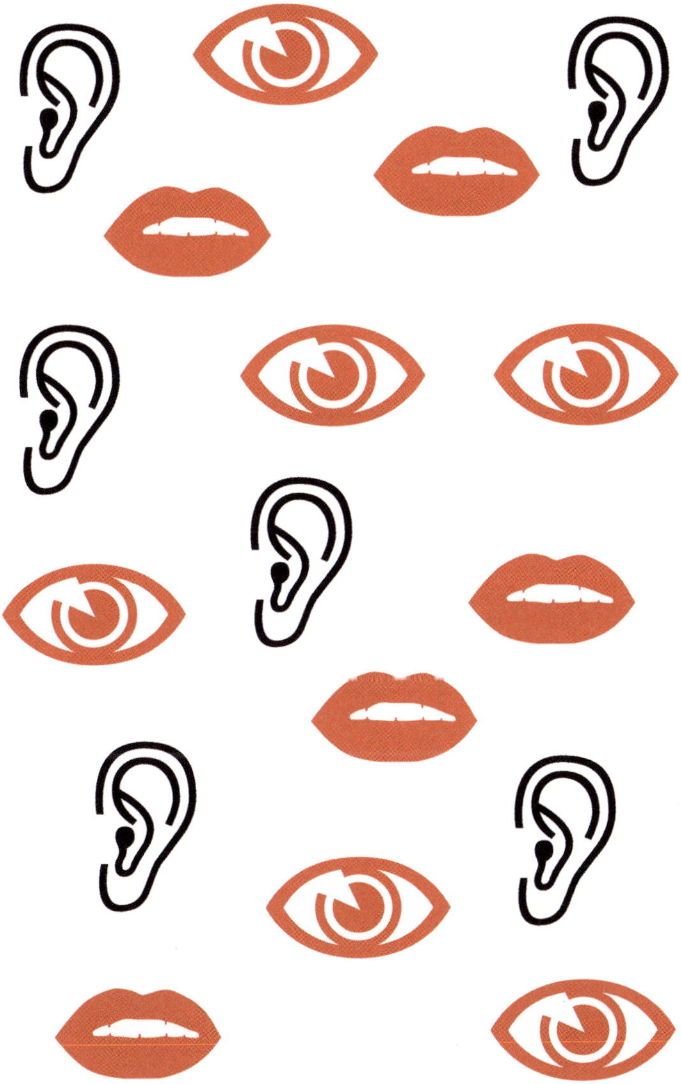

OBSERVATION

Pouvez-vous **répondre** aux questions suivantes :

Y avait-il davantage d'éléments roses ou noirs sur la disposition ?

....

De quelle couleur les yeux étaient-ils ?

....

Les bouches étaient-elles entrouvertes ou fermées ?

....

S'agissait-il d'oreilles droites ou gauches ?

....

MÉMORISEZ LA FORME

Pouvez-vous **observer attentivement** cette figure sans regarder celles du bas ? Ensuite, **cachez-la** pour poursuivre l'exercice.

À présent que vous avez masqué la figure du haut, pouvez-vous la **retrouver** parmi les 4 figures suivantes ?

MÉMORISEZ LA FORME

Pouvez-vous **observer attentivement** cette figure sans regarder celles du bas ? Ensuite, **cachez-la** pour poursuivre l'exercice.

À présent que vous avez masqué la figure du haut, pouvez-vous la **retrouver** parmi les 4 figures suivantes ?

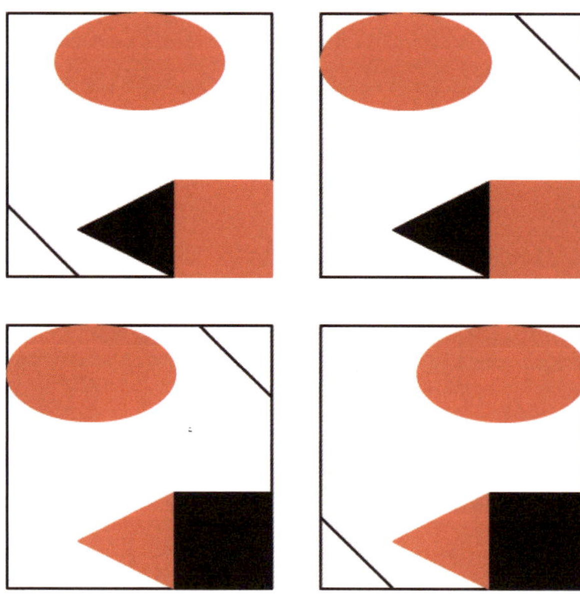

MÉMORISEZ PAR SOUS-ENSEMBLES

Pouvez-vous observer attentivement **la forme, la place et la couleur** des **7 éléments** disposés sur la grille ? Ensuite, **cachez la grille** pour poursuivre l'exercice.

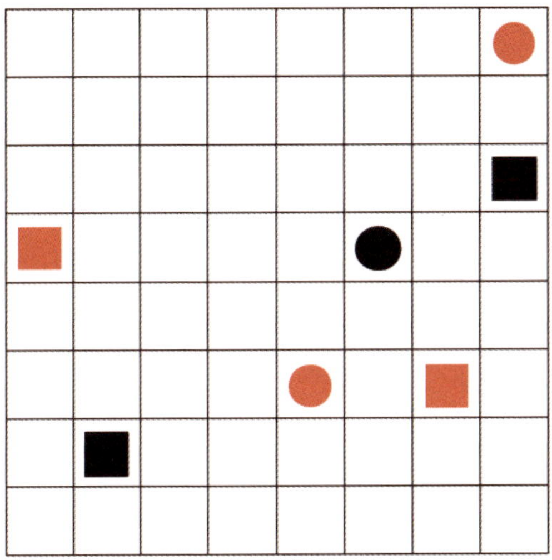

À présent que vous avez masqué la grille du haut, pouvez-vous **replacer correctement** sur cette grille vide les 7 éléments dont vous disposez ?

MÉMORISEZ PAR SOUS-ENSEMBLES

Pouvez-vous observer attentivement la **forme, la place et la couleur** des **7 éléments** disposés sur la grille ? Ensuite, **cachez la grille** pour poursuivre l'exercice.

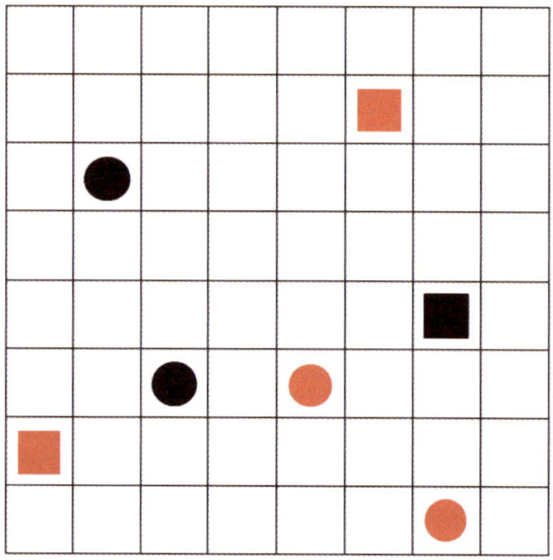

À présent que vous avez masqué la grille du haut, pouvez-vous **replacer correctement** sur cette grille vide les 7 éléments dont vous disposez ?

RECONSTITUEZ UN BLASON

Pouvez-vous observer attentivement **la forme**, **les couleurs et les motifs** de ce blason ? Ensuite, **tournez la page** pour poursuivre l'exercice.

RECONSTITUEZ UN BLASON

Pouvez-vous **reconstituer le blason** de la page précédente grâce aux éléments dont vous disposez ?

Choisissez une forme :

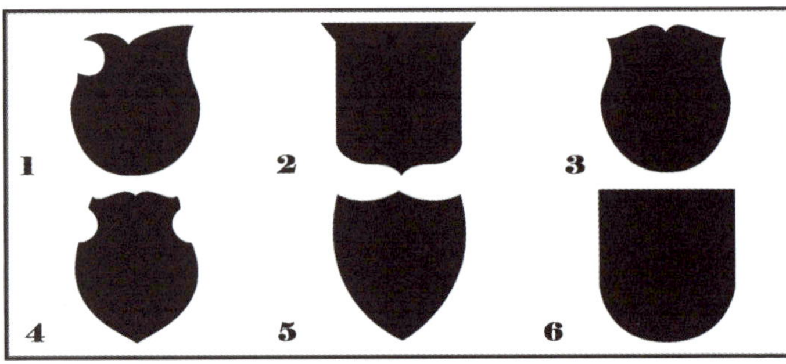

Choisissez la disposition des couleurs :

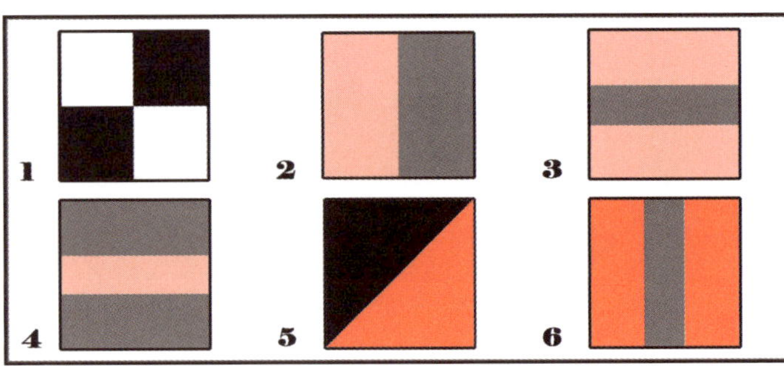

Choisissez les motifs :

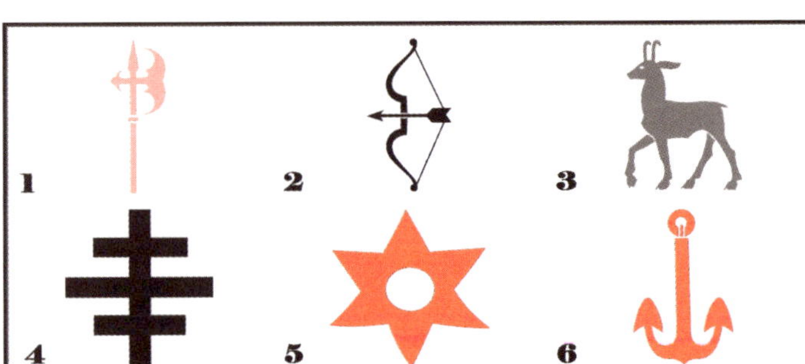

RECONSTITUEZ UN BLASON

Pouvez-vous observer attentivement la **forme**, les **couleurs** et les **motifs** de ce blason ? Ensuite, **tournez la page** pour poursuivre l'exercice.

RECONSTITUEZ UN BLASON

Pouvez-vous **reconstituer le blason** de la page précédente grâce aux éléments dont vous disposez ?

Choisissez une forme :

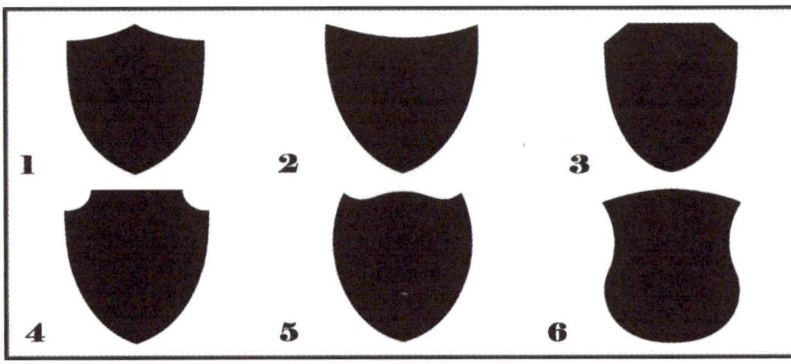

Choisissez la disposition des couleurs :

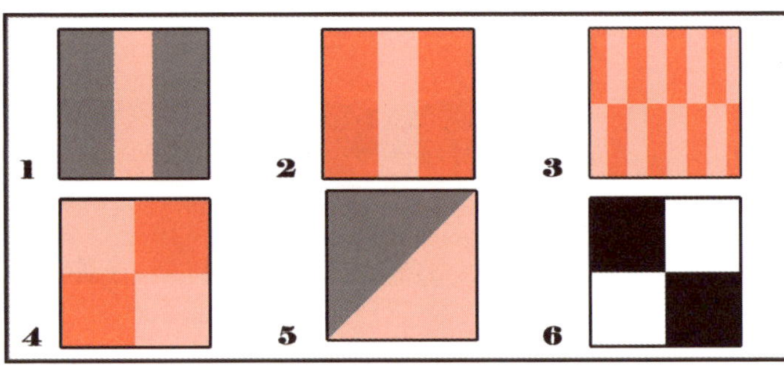

Choisissez les motifs :

RECONSTITUEZ UN PUZZLE

Pouvez-vous **observer attentivement** les 4 figures suivantes et déterminer si certaines **n'entrent pas** dans la composition de la figure du bas ? Attention, les figures peuvent tourner comme dans un puzzle !

1

2

3

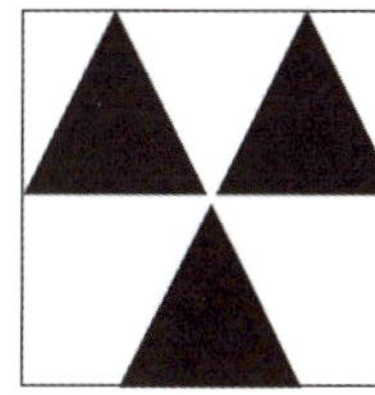

4

CARACTÈRES DÉPLACÉS

Pouvez-vous observer attentivement la **forme et la place** de ces **7 caractères asiatiques** sans regarder ceux du bas ? Ensuite, **cachez l'image** pour poursuivre l'exercice.

ឡ ស

ញ ខ ង

រ ម

À présent que vous avez masqué l'image du haut, pouvez-vous trouver quels **caractères** ont été **substitués** sur cette image ? Attention, les caractères ont été déplacés !

ក ង

ខ ស ផ

ណ ឡ

CARACTÈRES DÉPLACÉS

Pouvez-vous observer attentivement la **forme et la place** de ces **7 caractères asiatiques** sans regarder ceux du bas ? Ensuite, **cachez l'image** pour poursuivre l'exercice.

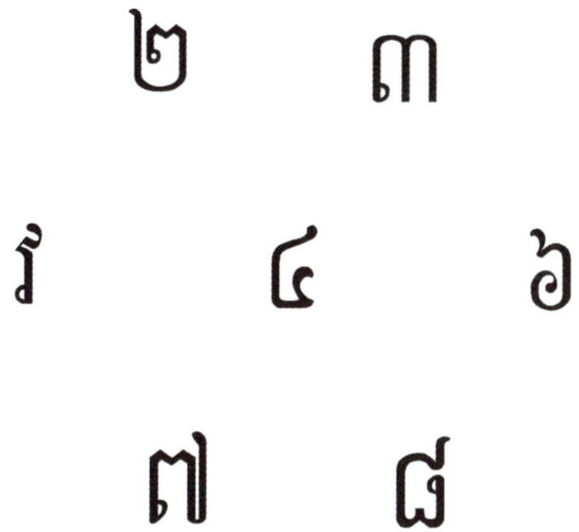

À présent que vous avez masqué l'image du haut, pouvez-vous trouver quels **caractères** ont été **substitués** sur cette image ? Attention, les caractères ont été déplacés !

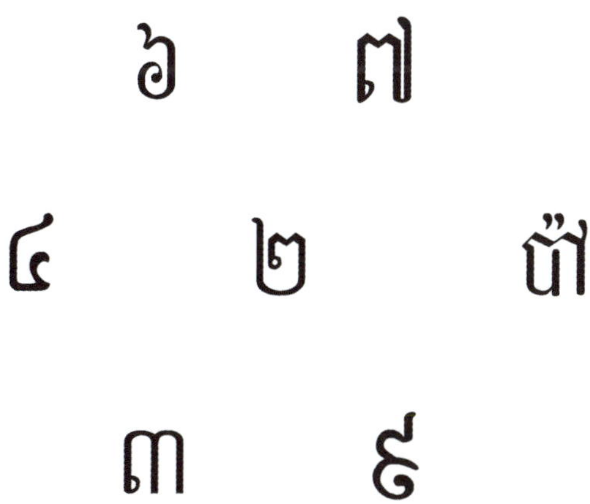

CARACTÈRES DÉPLACÉS

Pouvez-vous observer attentivement la **forme et la place** de ces **6 caractères asiatiques** sans regarder ceux du bas ? Ensuite, cachez l'image pour poursuivre l'exercice.

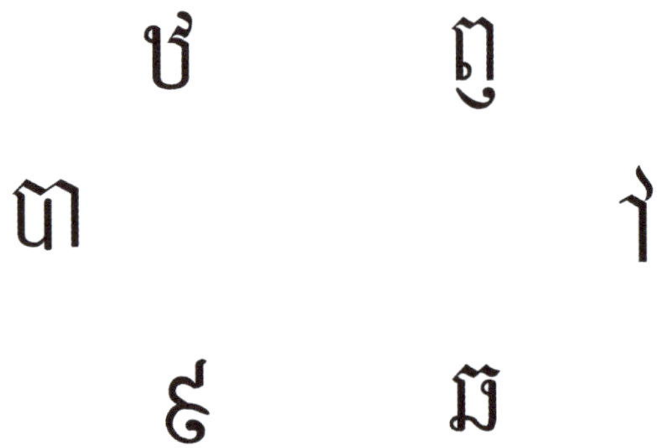

À présent que vous avez masqué l'image du haut, pouvez-vous trouver quels **caractères** ont été **substitués** sur cette image ? Attention, les caractères ont été déplacés !

OBJETS, OÙ ÊTES-VOUS ?

Pouvez-vous observer attentivement **la forme et la place** des **6 éléments** disposés sur la grille ? Ensuite, **tournez la page** pour poursuivre l'exercice.

OBJETS, OÙ ÊTES-VOUS ?

Pouvez-vous retrouver les **6 éléments** de la grille précédente parmi les 10 proposés et les **replacer correctement** ?
Indice : les cases qui comprennent un élément sont colorées.

FIGURES ENCHEVÊTRÉES

Pouvez-vous observer attentivement la **figure enchevêtrée** proposée sans regarder les figures du bas ? Ensuite, **cachez-la** pour poursuivre l'exercice.

À présent que vous avez masqué la figure du haut, pouvez-vous **déterminer les 3 éléments** qui la composaient, parmi les 9 proposés ?

ATTENTION, ÇA TOURNE

Parmi ces 3 figures, **2 sont identiques** mais présentées sous un angle différent et la 3e est **l'inverse** des 2 autres (autrement dit, une vue en miroir des 2 autres). Pouvez-vous dénicher la figure intruse ?

1 **2** **3**

ATTENTION, ÇA TOURNE

Parmi ces 3 figures, **2 sont identiques** mais présentées sous un angle différent et la 3e est **l'inverse** des 2 autres (autrement dit, une vue en miroir des 2 autres). Pouvez-vous dénicher la figure intruse ?

1

2

3

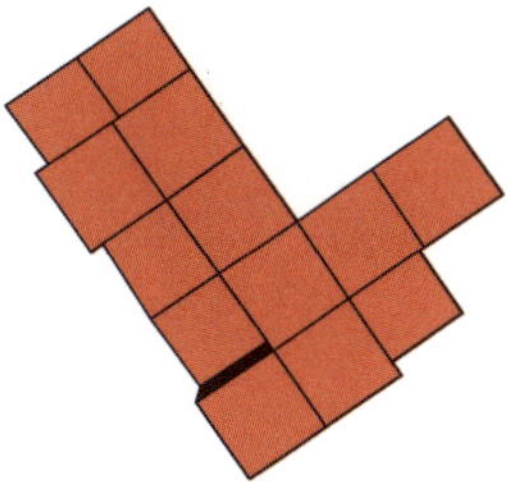

ATTENTION, ÇA TOURNE

Parmi ces 3 figures, **2 sont identiques** mais présentées sous un angle différent et la troisième est **l'inverse** des 2 autres (autrement dit, une vue en miroir des 2 autres). Pouvez-vous dénicher la figure intruse ?

1

2

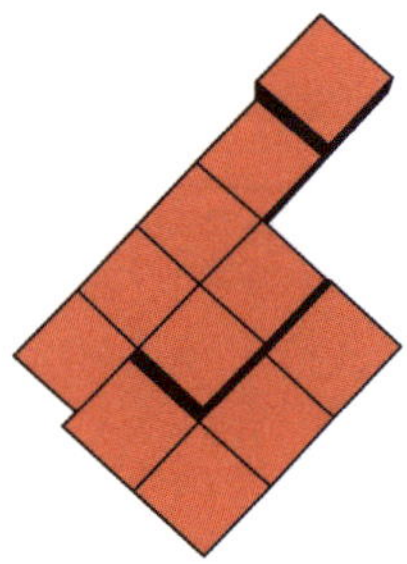

3

RETROUVEZ LA FORME

Pouvez-vous **observer** attentivement les **4 figures** suivantes ?
Ensuite, **tournez la page** pour poursuivre l'exercice.

RETROUVEZ LA FORME

Pouvez-vous **retrouver** chacune des **4 figures** présentées en page précédente parmi les 16 figures suivantes ?

Exercer sa mémoire

Niveau plus difficile

QCM CULTUREL

Pouvez-vous trouver, parmi les **3 propositions**, la bonne réponse à ces **5 questions** de culture générale ?

Selon la mythologie grecque, à qui Ariane donna-t-elle son célèbre fil ?

Jason	**Thésée**	**Ulysse**

Quelle couleur ne se trouve pas sur le drapeau de la Roumanie ?

vert	**rouge**	**bleu**

À quel compositeur italien doit-on l'opéra *Aïda* ?

Vivaldi	**Verdi**	**Rossini**

Combien de joueurs une équipe de base-ball comprend-t-elle ?

9	**10**	**11**

De quel pays d'Afrique Conakry est-elle la capitale ?

Togo	**Bénin**	**Guinée**

QUIZ CULTUREL

Pouvez-vous répondre à ces **5 questions** de culture générale ?

Quel était le prénom du peintre Cézanne ?

Votre réponse : ....

De quelle ville de France les confiseries appelées calissons proviennent-elles ?

Votre réponse : ....

De quel pays l'île du Groenland dépend-elle ?

Votre réponse : ....

Quel physicien mit au point la théorie de la relativité ?

Votre réponse : ....

Quel nouveau mot est-il recommandé d'utiliser en français à la place d'e-mail ?

Votre réponse : ....

TROUVEZ LES VILLES

Pouvez-vous retrouver le nom de chacune des **10 villes des États-Unis** représentées ici par un point noir ?

ANACHRONISMES

Pouvez-vous répondre aux questions suivantes en **évitant les anachronismes** ?

1 - Rimbaud aurait-il pu aller au cinéma ? Oui/Non

2 - Napoléon Ier aurait-il pu écrire en braille ? Oui/Non

3 - Adolphe Thiers aurait-il pu utiliser de la dynamite ? Oui/Non

4 - Charlie Chaplin aurait-il pu faire du ski nautique ? Oui/Non

5 - Theodore Roosevelt aurait-il pu utiliser un ordinateur ? Oui/Non

6 - Paul Verlaine aurait-il pu manger des aliments en conserve ? Oui/Non

7 - Louis Armstrong aurait-il pu écouter une cassette audio ? Oui/Non

8 - Karl Marx aurait-il pu mâcher du chewing-gum ? Oui/Non

9 - Louis XV aurait-il pu écrire au crayon de papier ? Oui/Non

10 - Sigmund Freud aurait-il pu emprunter un escalier roulant ? Oui/Non

11 - Victor Hugo aurait-il pu manger de la margarine ? Oui/Non

12 - Denis Diderot aurait-il pu se faire photographier ? Oui/Non

13 - Napoléon III aurait-il pu jeter ses déchets dans une poubelle ? Oui/Non

14 - Claude Debussy aurait-il pu jouer du saxophone ? Oui/Non

15 - Stendhal aurait-il pu sauter en parachute ? Oui/Non

16 - Alphonse Daudet aurait-il pu rouler en scooter ? Oui/Non

17 - Platon aurait-il pu lire *L'Iliade* ? Oui/Non

18 - Édith Piaf aurait-elle pu écouter un walkman ? Oui/Non

19 - Plaute aurait-il pu rencontrer Jules César ? Oui/Non

20 - Richard Nixon aurait-il pu écouter du rap ? Oui/Non

TROUVEZ L'INTRUS

Pouvez-vous **déterminer l'intrus** qui se cache parmi chaque groupe de mots ?
Justifiez votre choix.

laiton	**cuivre**	**fer**	**zinc**	**plomb**

Votre réponse : ....

Lancelot du Lac	**Perceval**	**Gauvain**	**Tristan**	**Galaad**

Votre réponse : ....

Quimper	**Pau**	**Grenoble**	**Toulon**	**Limoges**

Votre réponse : ....

dauphin	**baleine**	**requin**	**phoque**	**morse**

Votre réponse : ....

Louis XI	**François Ier**	**Charles VIII**	**Henri II**	**Philippe IV**

Votre réponse : ....

MOITIÉ - MOITIÉ

Pouvez-vous compléter par un mot ces **titres de romans de Balzac** ?

La Cousine ....

L'Élixir de longue ....

Eugénie ....

La Femme de trente ....

La Peau de ....

Le Lys dans la ....

Le Médecin de ....

Le Père ....

Mémoires de deux jeunes ....

Le Cousin ....

Pouvez-vous compléter par un mot ces **titres de bandes dessinées** ?

Joe Bar ....

Corto ....

Lanfeust de ....

Rubrique à ....

Litteul ....

Les Tuniques ....

Largo ....

Buck ....

Quick et ....

Les Passagers du ....

QUI SUIS-JE ?

Pouvez-vous trouver le **nom d'un personnage** d'après les indications biographiques suivantes ?

Je suis un poète français né à Charleville le 20 octobre 1854. Ma mère et mon père, officier d'infanterie, ont trois autres enfants, Vitalie, Isabelle et Frédéric. Mon père, souvent absent pour obligations militaires, quitte définitivement la famille en 1860 pour rejoindre la garnison de Cambrai. Ma mère s'occupera donc seule de notre éducation.

Élève brillant, j'écris des vers dès mon plus jeune âge. Ma rencontre avec Georges Izambard, mon professeur de rhétorique, sera décisive puisqu'il encourage vivement mes aspirations poétiques.

En 1870, une revue publie pour la première fois l'un de mes poèmes intitulé *Les Étrennes des orphelins*. Ne supportant plus la vie à Charleville, je fugue plusieurs fois, tentant de rejoindre Paris, séjournant un temps à Douai avant de rentrer à la maison familiale. Je rencontre des amis poètes, je mène une vie dissolue, je pars pour Bruxelles, puis pour Londres.

Ne cessant jamais d'écrire des poèmes et d'essayer de les faire publier, à l'instar des *Illuminations*, recueil de 1874, je cherche du travail sans grand succès. En 1875, je suis précepteur, puis répétiteur. Je m'engage l'année suivante dans l'armée hollandaise, je déserte au bout de trois semaines et je finis par rentrer à Charleville.

En 1880, je gagne Chypre où je travaille dans la pierre. C'est à cette époque que j'abandonne définitivement l'écriture. Les dix années qui suivent, je fais du commerce entre Harar et Aden. En 1891, atteint d'un cancer, je suis rapatrié d'urgence à Marseille où l'on m'ampute d'une jambe. Mais mon mal s'aggrave et, le 10 novembre 1891, je meurs à l'âge de 37 ans.

Je suis ....

QUE SUIS-JE ?

Pouvez-vous trouver le **titre d'une œuvre** d'après les indications suivantes ?

Je suis une huile sur toile de 48 x 63 centimètres, peinte en 1872 par Claude Monet, dont je porte la signature dans le coin inférieur gauche. Je suis exposée au musée Marmottan de Paris.

Je suis présentée pour la première fois à la 1re exposition de la Société anonyme des artistes peintres, sculpteurs et graveurs, qui ouvre ses portes le 15 avril 1874 et reçoit une critique mitigée, partagée entre conservatisme et attrait pour ce nouveau courant artistique.

Je reproduit l'avant-port du Havre au petit matin. Je suis tout à fait représentative de l'œuvre de Monet et de son goût pour le mouvement, pour les reflets de l'eau et les métamorphoses du ciel.

Le camaïeu de bleus qui me compose est relevé par la simple présence d'un soleil rougeoyant et de son reflet sur la mer. Monet parvient si bien à rendre le mouvement qu'il semble que les flots clapotent contre les barques des pêcheurs.

Mon titre donnera son nom au mouvement artistique qui prend son envol en cette seconde moitié du XIXe siècle, si bien défendu par Cézanne, Sisley, Degas, Renoir, et bien sûr Monet…

Je suis ....

VRAI OU FAUX

Pouvez-vous déterminer si les **affirmations** suivantes sont **vraies ou fausses** ?

1 - La femme dont Dracula est amoureux se prénomme Mina. Vrai/Faux

2 - *Le Fifre* est un tableau d'Édouard Manet. Vrai/Faux

3 - L'okapi est un mammifère. Vrai/Faux

4 - La *Ballade des pendus* est une œuvre de Montaigne. Vrai/Faux

5 - Le maréchal Pétain se prénommait Félix. Vrai/Faux

6 - Les habitants de la ville de Cholet sont appelés Choletais. Vrai/Faux

7 - Le jujitsu est un art martial originaire de Chine. Vrai/Faux

8 - Le morgon est un vin du Beaujolais. Vrai/Faux

9 - Le château de Chenonceaux enjambe la Loire. Vrai/Faux

10 - Les insectes ont huit pattes. Vrai/Faux

11 - Le fado est un genre musical espagnol. Vrai/Faux

12 - L'Équateur a une frontière commune avec le Venezuela. Vrai/Faux

13 - Praxitèle était un célèbre sculpteur athénien. Vrai/Faux

14 - *Taxi* est un film réalisé par Luc Besson. Vrai/Faux

15 - Pluton est la plus petite planète du système solaire. Vrai/Faux

16 - *Così fan tutte* est un opéra de Rossini. Vrai/Faux

17 - Le tonka est un marsupial originaire d'Asie. Vrai/Faux

18 - Le vrai nom du chanteur Dave est Wouter Lewenbach. Vrai/Faux

19 - Le Cadre noir est une illustre école d'équitation basée à Saumur. Vrai/Faux

20 - *Le Bateau ivre* est un poème d'Arthur Rimbaud. Vrai/Faux

RETROUVEZ LES ASSOCIATIONS

Pouvez-vous associer chaque **capitale** à un **pays** ?

Rangoon	•	•	**Indonésie**
Jakarta	•	•	**Mali**
Libreville	•	•	**Birmanie**
Bamako	•	•	**Pakistan**
Islamabad	•	•	**Gabon**

Pouvez-vous associer chaque **œuvre littéraire** du xxe siècle à un **écrivain** ?

Fin de partie	•	•	**Marguerite Yourcenar**
La Fée Carabine	•	•	**Daniel Pennac**
L'Enchanteur	•	•	**Albert Camus**
Mémoires d'Hadrien	•	•	**Samuel Beckett**
La Chute	•	•	**René Barjavel**

LE CHAÎNON MANQUANT

Pouvez-vous retrouver **l'élément qui manque** à chacun de ces groupes ?

Quatre filles du docteur March :
Meg ; Joe ; Elizabeth ; ....

Présidents de la Ve République :
Charles de Gaulle ; Georges Pompidou ; François Mitterrand ; Jacques Chirac ; ....

Collines de Rome :
Aventin ; Palatin ; Quirinal ; Viminal ; Esquilin ; Caelius ; ....

Navires de l'expédition de Christophe Colomb :
La Niña ; La Santa María ; ....

Pays frontaliers du Nigeria :
Cameroun ; Tchad ; Bénin ; ....

Même consigne que précédemment. Cette fois, essayez en plus de **trouver un nom** générique à chaque groupe.

Loire-Atlantique ; Maine-et-Loire ; Mayenne ; Sarthe ; ....

Mérovingiens ; Carolingiens ; Capétiens ; Bourbons ; ....

René Lacoste ; Henri Cochet ; Jean Borotra ; ....

gourmandise ; luxure ; colère ; envie ; avarice ; paresse ; ....

Open d'Australie ; Wimbledon ; Roland-Garros ; ....

À VOUS DE RANGER

Pouvez-vous classer tous les mots de la liste ci-dessous en **4 catégories** et donner un **titre** à chacune de ces catégories ?

Abdelatif Bénazzi ; Christophe Dominici ; Émile N'Tamack ; Fabien Pelous ; Fausto Coppi ; Franck Lebœuf ; Gustavo Kuerten ; Jan Ullrich ; Juan-Carlos Ferrero ; Lance Armstrong ; Laurent Jalabert ; Laurent Robert ; Miguel Indurain ; Nicolas Escudé ; Olivier Magne ; Paul-Henri Mathieu ; Raymond Kopa ; Roberto Baggio ; Robert Cabañas ; Thomas Enqvist

Titre :	**Titre :**	**Titre :**	**Titre :**

TROUVEZ LE PAYS

Pouvez-vous trouver à **quels pays** correspondent les fonds de carte présentés ?

Votre réponse :……………………………………………………………………………………

Votre réponse :……………………………………………………………………………………

TROUVEZ LE PAYS

Pouvez-vous trouver à **quels pays** correspondent les fonds de carte présentés ?

Votre réponse : ....

Votre réponse : ....

TROUVEZ LA DATE

Pouvez-vous trouver en **quelle année** se sont produits ces événements historiques ? Vous disposez de 3 choix de réponses.

Le sacre de François Ier :	**1499**	**1515**	**1612**
La défaite gauloise d'Alésia :	**- 133**	**- 52**	**40**
Le lancement d'*Ariane I* :	**1979**	**1982**	**1984**
La mort de Jeanne d'Arc :	**1397**	**1431**	**1603**
La fin de la guerre du Vietnam :	**1966**	**1970**	**1975**

Même question que précédemment, mais cette fois sans indices.

La fin du mandat présidentiel de Bill Clinton : ....

La déclaration de l'indépendance américaine : ....

L'assassinat de Jules César : ....

La création de l'État d'Israël : ....

La création de l'Union européenne : ....

TROUVEZ LES COUPLES

Pouvez-vous trouver les **20 couples** ou **duos** qui se cachent dans cette grille ?

Pierre Curie	Elsa Triolet	Gala Eluard	Hadès	Juan Perón
George Sand	Persée	Néfertari	Victor Hugo	Henri VIII
Fred Chichin	Anne d'Autriche	Ingrid Bergman	Annie Lennox	Louis XV
Andromaque	Dave Stewart	Catherine Ringer	Louis Aragon	Marie Sklodowska
Dante Alighieri	Juliette Drouet	Perséphone	Néfertiti	Emma Bovary
Rodolphe Boulanger	Ramsès II	Salvador Dalí	Hector	Anne Boleyn
Candice Bergen	Roberto Rossellini	Eva Duarte	Frédéric Chopin	Béatrice Portinari
Andromède	Marie Leszczynska	Aménophis IV	Louis XIII	Louis Malle

Vos réponses : ....

....

....

....

....

DÉCHIFFREMENT

Pouvez-vous déchiffrer cette citation dont les **lettres** ont été **remplacées** par des **symboles**, sachant qu'une lettre donnée correspond toujours au même symbole ?

Citation de Joseph Joubert

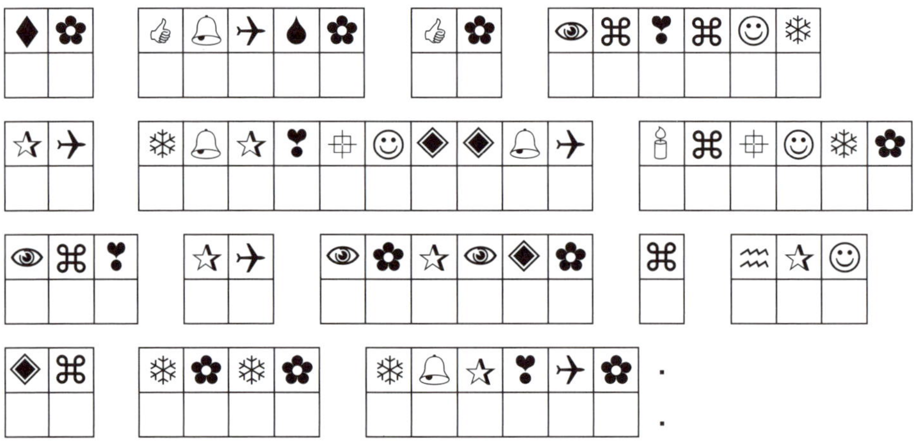

TOURS DE HANOI

Pouvez-vous trouver le **nombre de déplacements d'anneaux nécessaires** pour passer de la configuration A à la configuration B, sachant que :

– les anneaux ne peuvent sortir des tiges que par le haut,
– vous ne pouvez placer un anneau sur un autre qui soit plus petit,
– vous ne pouvez déplacer qu'un seul anneau à la fois.

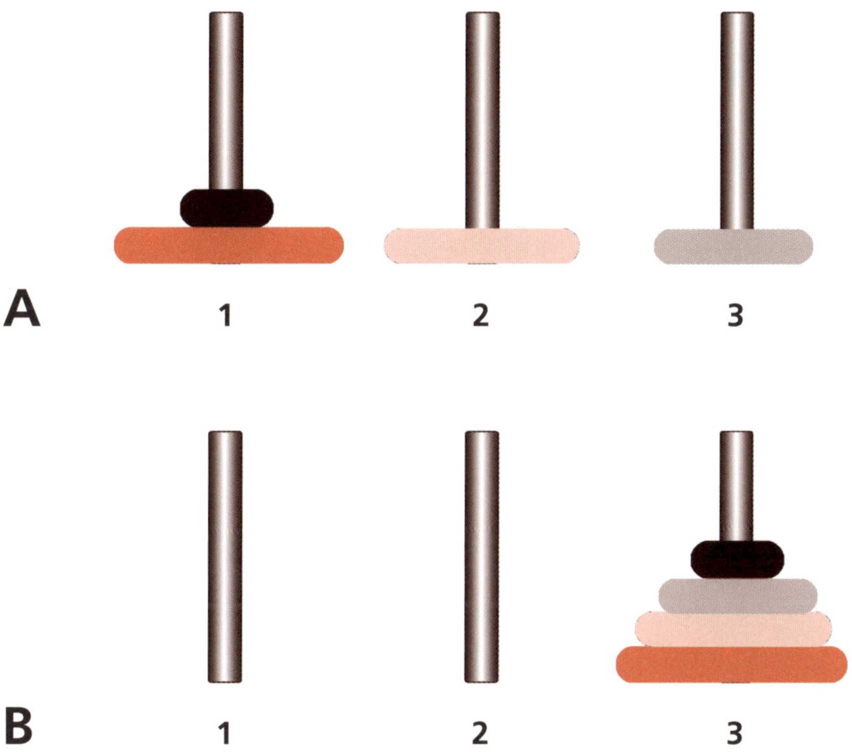

QUE D'ACCROCS DANS CETTE HISTOIRE

Pouvez-vous lire le texte suivant, puis le compléter avec les **15 mots** qui se trouvent dans le tableau, sachant que chaque mot ne peut être utilisé qu'une seule fois ?

Texte extrait de : *La Mort d'une libellule*, d'Anatole France.

Sous les .... de saule en la .... baignées
Un .... impur se tait, glacé dans sa ....,
Tandis qu'on .... sur l'eau de grêles ....
Fuir vers les .... que voile une vapeur.

Mais, ... sur ce monde où la .... apaisée
Dort d'un .... sans joie et presque sans ....,
Des .... qui ne sont que lumière et ....
Seuls .... leur âme .... au soleil.

planant	**vie**	**vase**	**nymphéas**	**torpeur**
branches	**voit**	**éphémère**	**êtres**	**agitent**
sommeil	**rosée**	**araignées**	**peuple**	**réveil**

ÉCRIRE DANS LES ÉTOILES

Pouvez-vous **compléter ces étoiles en moins de 10 minutes**, sachant que seulement **6 des 9 mots** dont vous disposez peuvent être utilisés et qu'il vous faut respecter le **sens des flèches** ?

CONTREE
CRETACE
ECUELLE
FACTION
MOINEAU
MORILLE
QUETEUR
SPATULE
STERNUM

CADUCEE
COCOTTE
EPISODE
INCULPE
MACADAM
MARQUIS
MICROBE
MOTRICE
MOURANT

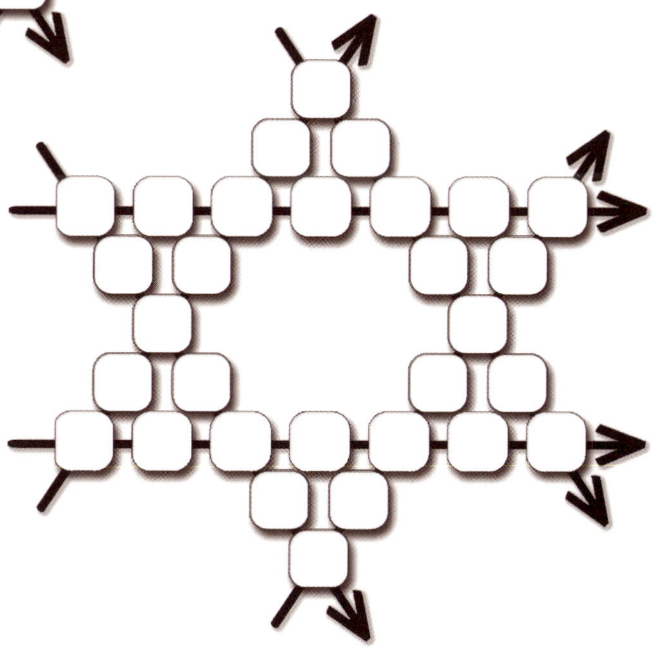

LA SAISON DES HAÏKUS

Les haïkus sont de **brefs poèmes japonais traditionnels** de 3 vers qui évoquent implicitement une saison. Pouvez-vous déterminer à **quelle saison** chacun des haïkus suivants fait-il allusion ?

Le voyageur marchant
Mange une mandarine
Dans la lande fanée

Votre réponse :..

Il fait plus froid
Nul insecte
N'approche de la lampe

Votre réponse :..

La brève nuit
Sur la chenille duveteuse
Des perles de rosée

Votre réponse :..

Un saule vert
S'égouttait dans la boue
À marée basse

Votre réponse :..

La lune passe à l'ouest
L'ombre des fleurs
S'étire à l'est

Votre réponse :..

JOUEZ AU BASKET

Pouvez-vous trouver le **nombre de coups nécessaires** pour passer de la configuration A à la configuration B, sachant que :

- les ballons ne peuvent sortir des paniers que par le haut,
- chaque panier contient 3 ballons au maximum,
- vous ne pouvez déplacer qu'un seul ballon à la fois.

1 2 3

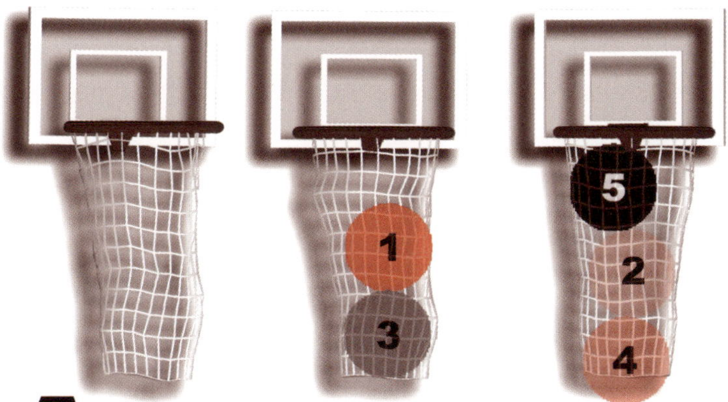

A

1 2 3

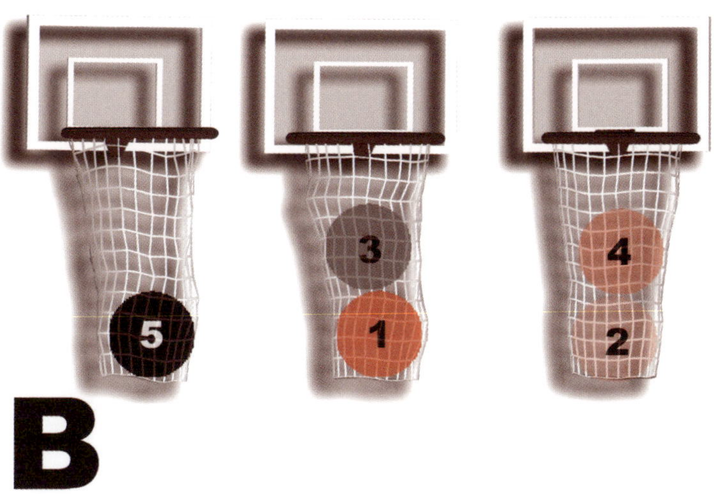

B

CALCUL MENTAL

Pouvez-vous **résoudre de tête**, sans papier ni crayon, chacun des **2 petits problèmes** mathématiques suivants ?

1er problème :

Mme Martin repasse les serviettes du restaurant familial. Chacune mesure 25 centimètres de côté. En 8 heures, Mme Martin a repassé 40 mètres carrés de tissu.

Combien Mme Martin a-t-elle repassé de serviettes par heure ?

....

2e problème :

Une boîte pleine de pièces de monnaie pèse 2 kilos. La boîte vide pèse 1,9 kilos de moins que les pièces de monnaie.

Combien la boîte vide pèse-t-elle ?

....

TROUVEZ LE MOT CACHÉ

Pouvez-vous trouver en **1 minute** le nom commun de **7 lettres** caché dans chacune des grilles, sachant que les lettres du mot sont **adjacentes** mais ne peuvent se suivre en diagonale ?

F	A	N	R
E	I	N	A
R	R	E	P
U	G	I	L

D	I	N	N
U	E	R	I
E	F	R	A
O	I	C	T

QUESTION D'ORTHOGRAPHE

Pouvez-vous retrouver parmi les 3 propositions la **bonne orthographe** des mots suivants ?

essuie-main	essuye-mains	essuie-mains
occurrence	ocurrence	occurence
aquiescer	acquiescer	acquiécer
diacronie	diachronnie	diachronie
hiatus	iatus	hyatus
légionnellose	légionélose	légionellose
chrisanthème	chrysanthème	chrysantème
polythéisme	polithéisme	polytéisme
dysantrie	dysenterie	dysentrie
edelweiss	édelweiss	édelweisse
va-nus-pieds	va-nu-pied	va-nu-pieds
saccharose	saccharrose	saccarhose
khinésithérapeute	kinésithérapeute	kinnésithérapeuthe
tyroïde	thyroïde	thiroïde
carthésianisme	carthésiannisme	cartésianisme
amarillis	amarylis	amaryllis
acolyte	accolyte	accolite
machicoulis	mâchicoulis	machi-couli
panégérique	panégirique	panégyrique
stéthoscope	sthétoscope	stétoscope

MÉMORISEZ LES VERBES

Pouvez-vous **lire** attentivement ce texte en observant particulièrement la **place des verbes** qui structurent l'histoire ? Ensuite, **tournez la page** pour poursuivre l'exercice.

Méfiance et soulagement

Ils arrivèrent dans l'avenue des cyprès, où ils se perdirent parmi la foule, qui les interrogeait. L'un d'eux était resté à l'écart, debout. À travers les déchirures de sa tunique on apercevait ses épaules rayées par de longues balafres. Baissant le menton, il regardait autour de lui avec méfiance et fermait un peu ses paupières dans l'éblouissement des flambeaux ; mais quand il vit que personne de ces gens armés ne lui en voulait, un grand soupir s'échappa de sa poitrine.

Texte extrait de : *Salammbô*, de Gustave Flaubert.

MÉMORISEZ LES VERBES

Pouvez-vous **remettre** les verbes ci-dessous **dans l'ordre** qu'ils occupaient dans le texte ?

apercevait	1	
perdirent	2	
vit	3	
interrogeait	4	
fermait	5	
s'échappa	6	
était resté	7	
voulait	8	
arrivèrent	9	
regardait	10	

FÉMININ OU MASCULIN ?

Observez attentivement cette grille contenant **8 mots féminins** et **8 mots masculins**.

haltère	**anagramme**	**abyme**	**hégémonie**
nonne	**ébène**	**orthographe**	**égide**
abysse	**ovule**	**hyménée**	**none**
ozone	**effluve**	**asphalte**	**écritoire**

À présent, pouvez-vous **trier les mots** de la grille **selon leur genre**, en les notant dans l'**ordre alphabétique** ?

Mots féminins	Mots masculins

PAIR OU IMPAIR ?

Observez attentivement cette grille contenant **8 nombres pairs** et **8 nombres impairs**.

727272	**330025**	**42501**	**58961**
569956	**100578**	**27272**	**74100**
33025	**42051**	**596659**	**100758**
741000	**58965**	**80808**	**272727**

À présent, pouvez-vous **trier les nombres** de la grille **selon qu'ils sont pairs ou impairs**, en les notant dans l'**ordre décroissant** ?

Nombres pairs	Nombres impairs

MOTS COUPÉS

Pouvez-vous reconstituer **20 noms** communs de **3 syllabes** avec les syllabes dont vous disposez dans cette grille ? Attention, chaque syllabe ne peut être utilisée qu'une seule fois !

Indice : Tous les mots de la grille appartiennent au thème Vêtements.

py	di	chau	ca	tte
bar	de	se	é	le
cque	mu	nui	cos	cra
ge	dé	ca	par	deur
tte	gou	ja	so	char
ma	lon	se	car	tte
sse	va	tu	çon	da
sa	tu	cor	le	me
no	ber	lo	pe	ni
ta	te	gan	que	pan
ja	que	ssus	mi	rak
tte	che	tte	a	cu

Vos réponses : ....

....

....

....

TRIEZ LES MOTS

Pouvez-vous classer tous les mots de la liste ci-dessous en **4 catégories** et donner un **titre** à chacune de ces catégories ?

atmosphère ; bar ; baril ; boisseau ; brasse ; carat ; gallon ; livre ; mille ; once ; pascal ; pied ; pièze ; pinte ; pouce ; stère ; talent ; tonne ; torr ; yard

Titre :	**Titre :**	**Titre :**	**Titre :**

MÉMOIRE D'ÉLÉPHANT

Mémorisez pendant **1 minute** les **25 mots** présents sur cette grille. Ensuite, tournez la page pour poursuivre l'exercice.
Un conseil : Pensez à regrouper les mots par catégories, vous les mémoriserez plus facilement !

toupie	**endive**	**reblochon**	**peuplier**	**voiture**
tennis	**fourmi**	**marmite**	**tisane**	**hiver**
automne	**saladier**	**poupée**	**tomme**	**radis**
asperge	**sirop**	**mélèze**	**ski**	**cigale**
gruyère	**mouche**	**avion**	**peluche**	**soupière**

MÉMOIRE D'ÉLÉPHANT

Pouvez-vous retrouver les **25 mots** de la grille précédente parmi ces **70 mots** ?

reblochon	samedi	soupière	roitelet	gruyère
jupon	hiver	ouvrier	vitrail	aboiement
fourmi	chaleur	vétusté	poupée	mûre
volcan	disque	endive	souffle	estomac
travail	tisane	élection	voiture	exposé
chalet	étoile	capitale	caramel	saladier
émotion	tennis	récolte	mouche	équipe
avion	matière	peuplier	fleur	sirop
brioche	cigale	vis	propreté	baignoire
pirouette	cabine	toupie	défilé	grippe
marmite	tomme	perte	ski	moustache
hauteur	musée	radis	plongeoir	asperge
automne	succès	industrie	plomb	zoo
gomme	nez	mélèze	cupidité	peluche

LE JUSTE MOT

Pouvez-vous retrouver le mot auquel correspond cette **définition** parmi les **3 propositions** ?

« Plume de la queue des oiseaux qui sert à diriger le vol »

tectrice	**rectrice**	**rémige**

« Unité monétaire du Guatemala »

quetzal	**réal**	**lempira**

« Faculté de voir dans l'obscurité, particulière à certaines espèces animales »

nyctalopie	**oligurie**	**ophtalmie**

« Grosse chaussure de cuir montante, dont la semelle est en bois »

godillot	**galoche**	**ranger**

« Cheval mâle destiné à la reproduction »

destrier	**alezan**	**étalon**

LE JUSTE MOT

Pouvez-vous retrouver le mot auquel correspond cette **définition** ?

« Petite embarcation à une ou deux voiles, naviguant en Méditerranée et sur le Nil »

Votre réponse : ....

« Lèvre inférieure épaisse et proéminente »

Votre réponse : ....

« Églefin fumé et salé »

Votre réponse : ....

« Voile triangulaire fixée sur un étai à l'avant d'un voilier »

Votre réponse : ....

« Idiotisme, emploi, tournure ou construction propre à la langue française »

Votre réponse : ....

LE JUSTE MOT

Pouvez-vous retrouver quelle est la **bonne définition** du mot proposé ?

otologie

- étude de la migration des oiseaux
- ensemble des indications sur les modalités d'administration d'un médicament
- spécialité médicale qui étudie l'oreille et ses maladies

nucléon

- particule constituant le noyau d'un atome
- gaz incolore, dérivé chloré du méthane, présent dans l'air sous forme de traces
- minuscule fragment de coquille ou grain de sable cristallisé qui peut se transformer naturellement en perle

paddy

- riz non décortiqué
- sorte de pantalon très large, à taille très basse, mis à la mode par les surfeurs
- club de golf

taxidermie

- compteur kilométrique utilisé par les chauffeurs de taxi pour calculer le montant des courses
- art de préparer et d'empailler des animaux morts de façon à ce qu'ils conservent la même apparence que de leur vivant
- affection cutanée qui apparaît après une exposition prolongée au soleil

frimaire

- troisième mois du calendrier républicain, s'étalant du 21/23 novembre au 20/22 décembre
- cinquième mois du calendrier républicain, s'étalant du 20/22 janvier au 18/20 février
- quatrième mois du calendrier républicain, s'étalant du 21/23 décembre au 19/21 janvier

HAÏKUS

Un haïku est un **bref poème japonais traditionnel** de 3 vers. Les **mots** des haïkus proposés ci-dessous ont été **mélangés**. Pouvez-vous **reconstituer** chacun des haïkus suivants, sachant que **chaque série de pointillés** correspond à la place d'**un seul mot** ?

Indice : Aidez-vous des majuscules initiales !

On chenille la du ....

brise Souffler les ....

voit De la poils matin ....

Éclaire La ....

poursuivant luciole ....

Son ....

cruche Me ....

La nocturne éclate ....

réveille Glace qui ....

accélèrent cri Les de ....

bruyère Au du nuages ....

Du rythme coq ....

Glissent une De poire long ....

couteau Pelant gouttes du ....

au tendres ....

HAÏKUS

Un haïku est un **bref poème japonais traditionnel** de 3 vers. Les **mots** des haïkus proposés ci-dessous ont été **mélangés**. Pouvez-vous **reconstituer** chacun des haïkus suivants, sachant que **chaque série de pointillés** correspond à la place d'**un seul mot** ?

Indice : Aidez-vous des majuscules initiales !

Mange voyageur fanée ....

lande une marchant Le ....

mandarine la Dans ....

fleurs Le pattes ....

Parmi rossignol ses prunier ....

boueuses les de Nettoie ....

La ....

louait Mon ....

voisin lune Bâillant ....

Les pays Sans sauvages ....

De elles en ....

calendrier oies voyagent pays ....

Taraude cri ....

roches Le cigales ....

les Silence des ....

VIDEZ VOTRE SAC

Pouvez-vous donner en **1 minute** un maximum de **noms communs** au singulier de **4 lettres** commençant par les 2 lettres données ?

Racine | **S** | **U** | _ | _ |

Vos réponses : ....
....
....

Racine | **J** | **A** | _ | _ |

Vos réponses : ....
....
....

JEUX DE MOTS

Pouvez-vous trouver le **contraire** des 10 mots suivants ? Pour vous aider, la première lettre du mot est donnée.

philanthrope : m...

douloureux : i...

virtuel : r...

hypertrophie : a...

monothéisme : p...

absolu : r...

anglophobe : a...

asservir : a...

hôte : h...

nanisme : g...

Pouvez-vous déterminer les deux **synonymes** qui se cachent à l'intérieur de chaque groupe de mots?

paludisme	**ictère**	**tuberculose**	**jaunisse**	**vérole**

kiwi	**ibis**	**aptéryx**	**flamant**	**cigogne**

pathétique	**plébéien**	**agreste**	**rustique**	**urbain**

blanchâtre	**lunatique**	**volubile**	**clinquant**	**versatile**

blutoir	**tamis**	**moulin**	**entonnoir**	**dévidoir**

JEUX DE MOTS

Pouvez-vous trouver le **contraire** des 10 mots suivants ? Pour vous aider, la première lettre du mot est donnée.

soma : g..........

fusion : s..........

mesurable : i..........

synonyme : a..........

allegro : l..........

abducteur : a..........

adret : u..........

monosémique : p..........

monophonie : s..........

centripète : c..........

Pouvez-vous déterminer les deux **synonymes** qui se cachent à l'intérieur de chaque groupe de mots?

minoen	**égyptien**	**hellène**	**romain**	**grec**
matamore	**mercenaire**	**matador**	**fanfaron**	**matelot**
horizontal	**orthogonal**	**perpendiculaire**	**parallèle**	**tangent**
unisexué	**intersexué**	**homogène**	**androgène**	**hermaphrodite**
chancir	**chuter**	**dépérir**	**moisir**	**étayer**

AVOIR LE DERNIER MOT

Pouvez-vous **lire attentivement** les 6 phrases suivantes et **mémoriser le dernier mot** de chacune ? Ensuite, **tournez la page** pour poursuivre l'exercice.

Les paysans étaient démunis face à l'invasion de sauterelles qui ravageaient les cultures.

Les tartes aux prunes de Florence sont si bonnes qu'il n'en reste jamais une miette.

Fanny a accepté de garder le chat de sa voisine pendant toutes les vacances.

La paroisse a organisé une tombola au profit d'une œuvre de charité.

Lorsque Thibaud est tombé, il a entraîné un plat d'asperges dans sa chute.

Le chanteur a quitté la conférence de presse sans aucune explication.

AVOIR LE DERNIER MOT

D'après ce que vous avez lu en page précédente, pouvez-vous **répondre** à ces questions ?

À quoi les tartes de Florence sont-elles ?
– aux prunes
– aux pommes
– aux poires

Qu'a organisé la paroisse ?
– un radio-crochet
– un buffet
– une tombola

À présent, pouvez-vous inscrire ci-dessous le dernier mot de chaque phrase ?

Phrase 1 : ....

Phrase 2 : ....

Phrase 3 : ....

Phrase 4 : ....

Phrase 5 : ....

Phrase 6 : ....

OBSERVATION

1re disposition :

Pouvez-vous **observer attentivement** la disposition suivante ? Ensuite, **tournez la page** pour poursuivre l'exercice.

OBSERVATION

Pouvez-vous **répondre** aux questions suivantes ?

Combien de formes de nuages différentes y avait-il sur la disposition ?

....

De quelle couleur les soleils étaient-ils ?

....

Combien y avait-il de flocons roses sur la disposition ?

....

De la pluie tombait-elle de certains nuages ?

....

Les nuages étaient-ils tous de la même couleur ?

....

MÉMORISEZ LA FORME

Pouvez-vous **observer attentivement** cette figure sans regarder celles du bas ? Ensuite, **cachez-la** pour poursuivre l'exercice.

À présent que vous avez masqué la figure du haut, pouvez-vous la **retrouver** parmi les 4 figures suivantes ?

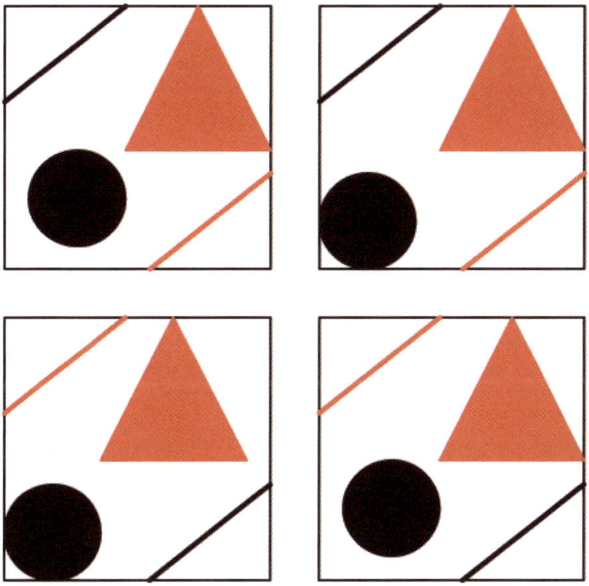

MÉMORISEZ LA FORME

Pouvez-vous observer attentivement **la forme**, **la place et la couleur** des 9 éléments disposés sur la grille ? Ensuite, **cachez la grille** pour poursuivre l'exercice.

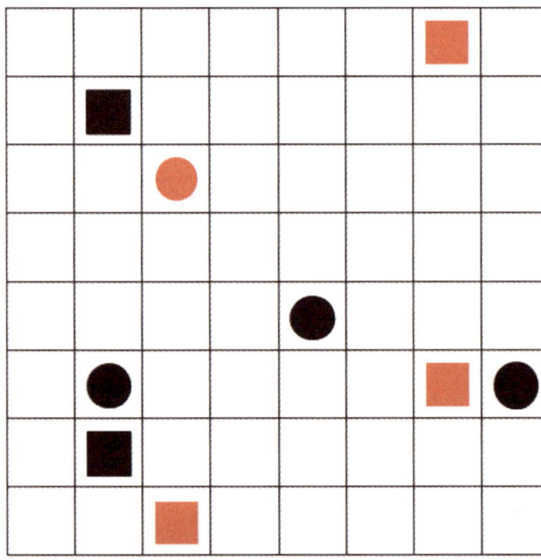

À présent que vous avez masqué la grille du haut, pouvez-vous **replacer correctement** sur cette grille vide les **9 éléments** dont vous disposez ?

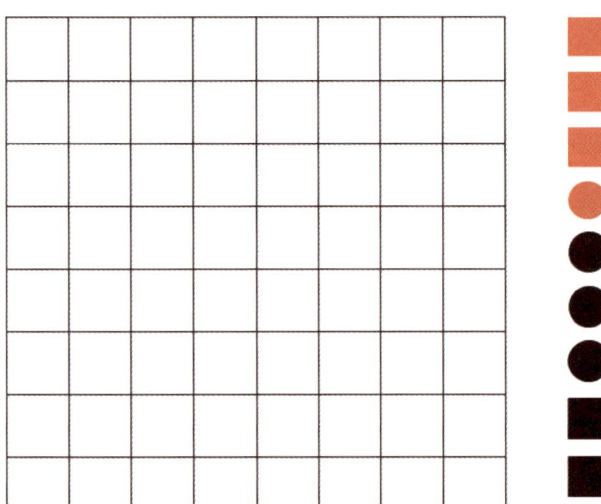

RECONSTITUEZ UN BLASON

Pouvez-vous observer attentivement la **forme**, **les couleurs et les motifs** de ce blason ? Ensuite, **tournez la page** pour poursuivre l'exercice.

RECONSTITUEZ UN BLASON

Pouvez-vous **reconstituer le blason** de la page précédente grâce aux éléments dont vous disposez ?

Choisissez une forme :

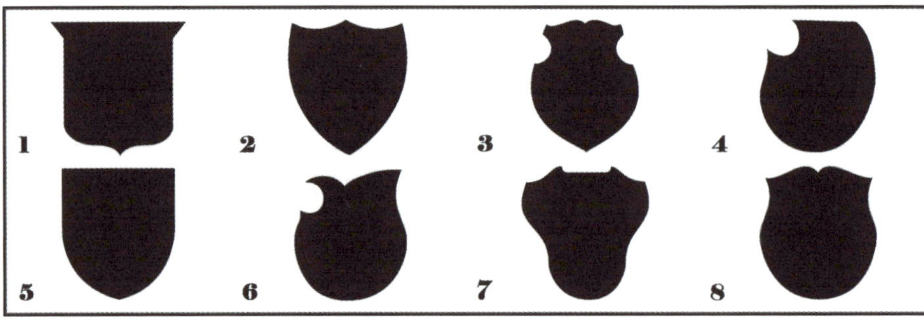

Choisissez la disposition des couleurs :

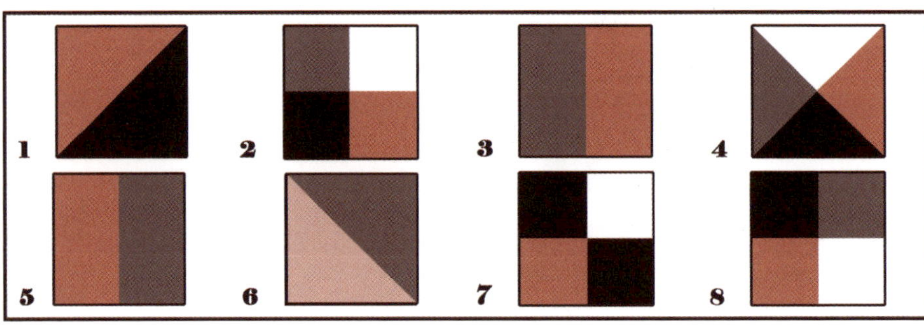

Choisissez les motifs :

RECONSTITUEZ UN PUZZLE

Pouvez-vous **observer attentivement** les 6 figures suivantes et déterminer si certaines **n'entrent pas** dans la composition de la figure du bas ? Attention, les figures peuvent tourner comme dans un puzzle !

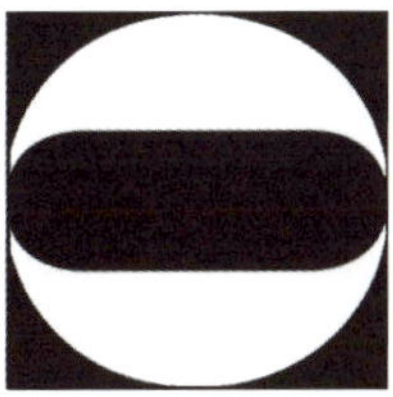

1

2

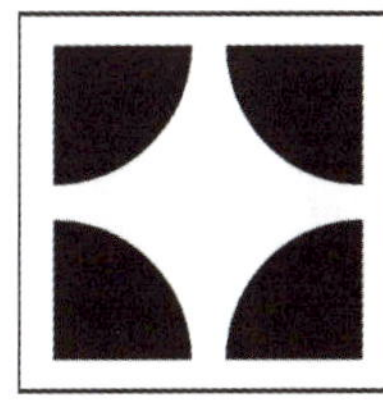

3

4

5

6

CARACTÈRES DÉPLACÉS

Pouvez-vous observer attentivement la **forme et la place** de ces **8 caractères arabes** sans regarder ceux du bas ? Ensuite, **cachez l'image** pour poursuivre l'exercice.

ض ش

دٔ غ ث ز

ق ل

À présent que vous avez masqué l'image du haut, pouvez-vous trouver quels **caractères** ont été **substitués** sur cette image ? Attention, les caractères ont été déplacés !

ث ح

ل ط دٔ ض

ش ق

OBJETS, OÙ ÊTES-VOUS ?

Pouvez-vous observer attentivement **la forme et la place** des **6 éléments** disposés sur la grille ? Ensuite, **tournez la page** pour poursuivre l'exercice.

OBJETS, OÙ ÊTES-VOUS ?

Pouvez-vous retrouver les **6 éléments** de la grille précédente parmi les 10 proposés et les **replacer correctement** ?

FIGURES ENCHEVÊTRÉES

Pouvez-vous observer attentivement la **figure enchevêtrée** proposée sans regarder les figures du bas ? Ensuite, **cachez-la** pour poursuivre l'exercice.

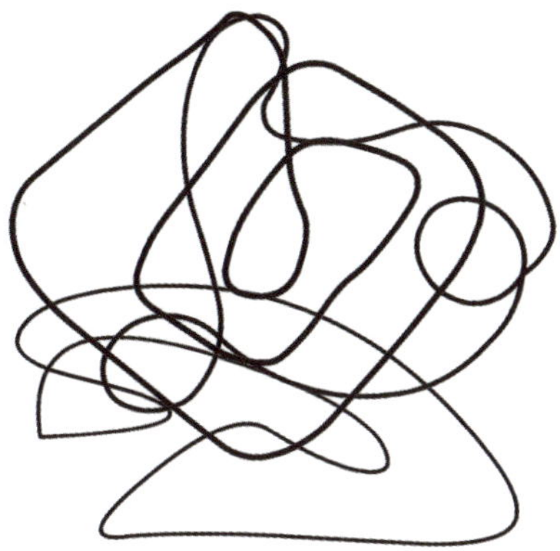

À présent que vous avez masqué la figure du haut, pouvez-vous **déterminer les 3 éléments** qui la composaient, parmi les 9 proposés ?

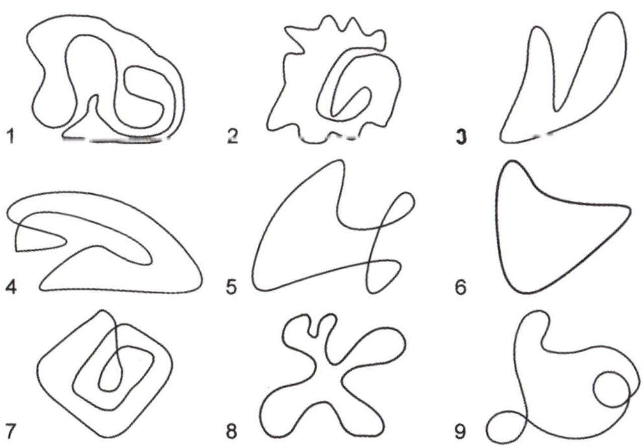

FIGURES ENCHEVÊTRÉES

Pouvez-vous observer attentivement la **figure enchevêtrée** proposée sans regarder les figures du bas ? Ensuite, **cachez-la** pour poursuivre l'exercice.

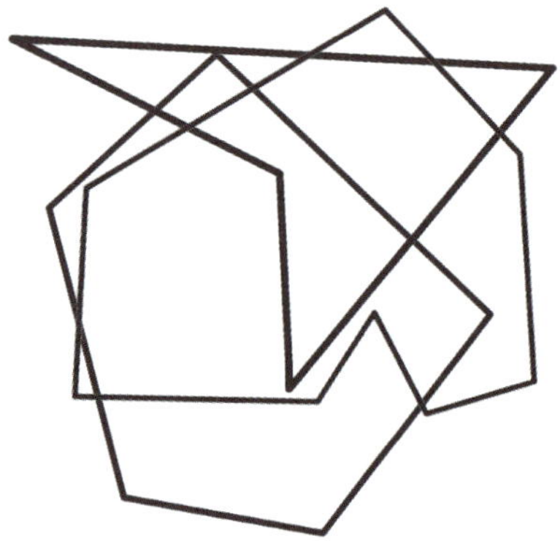

À présent que vous avez masqué la figure du haut, pouvez-vous **déterminer les 3 éléments** qui la composaient, parmi les 9 proposés ?

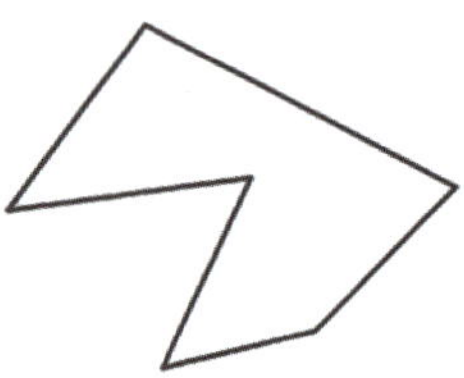

1

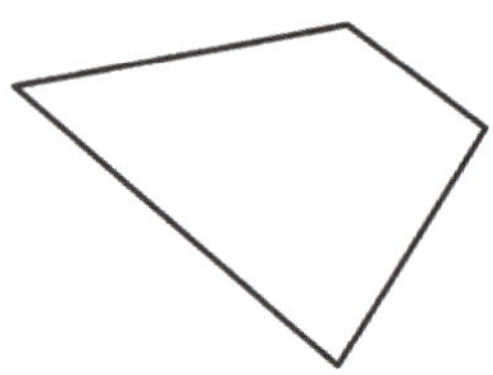

2

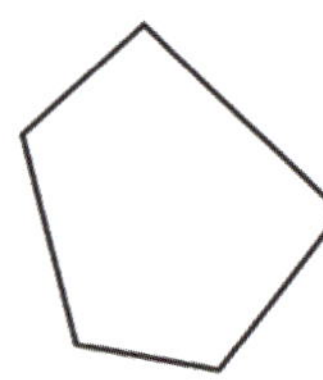

3

4

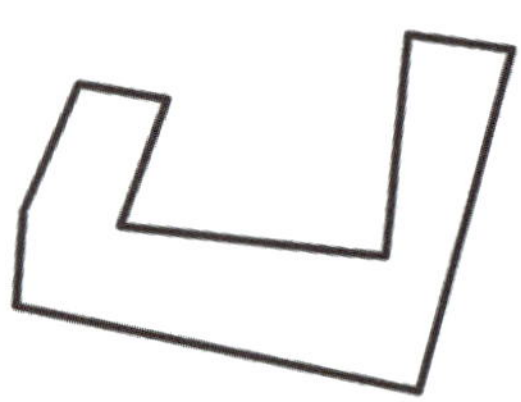

5

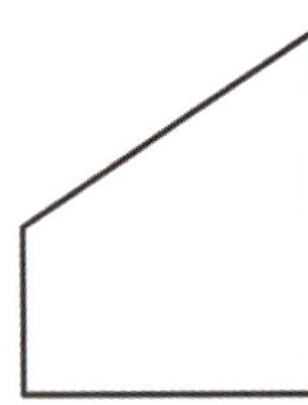

6

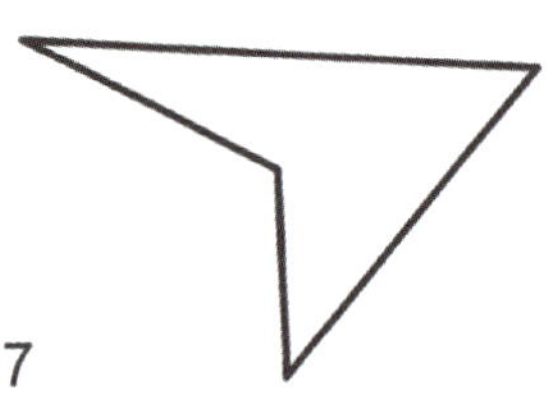

7

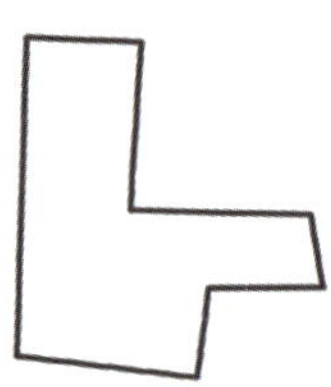

8

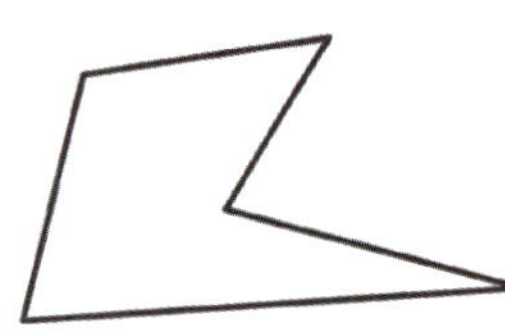

9

ATTENTION, ÇA TOURNE

Pouvez-vous **observer attentivement** la figure suivante ?
Ensuite, **tournez la page** pour poursuivre l'exercice.

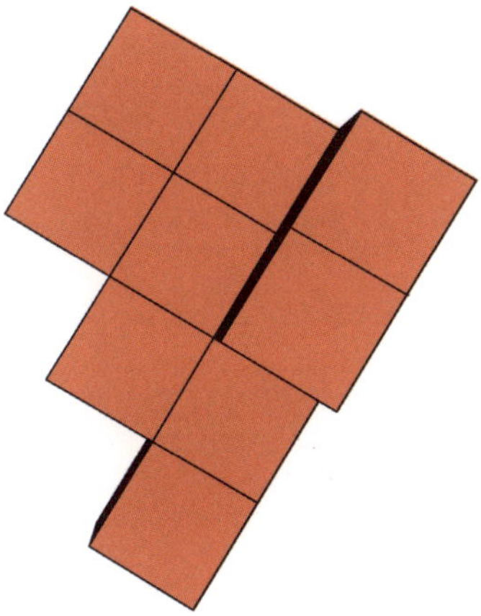

RETROUVEZ LA FORME

Pouvez-vous déterminer si la figure suivante est la **même** que celle de la page précédente présentée sous un angle différent ou si elle est son **inverse** (autrement dit, une vue en miroir de celle de la page précédente) ?

RETROUVEZ LA FORME

Pouvez-vous observer attentivement les **8 figures** suivantes ? Ensuite, **tournez la page** pour poursuivre l'exercice.

RETROUVEZ LA FORME

Pouvez-vous **retrouver** chacune des **8 figures** présentées en page précédente parmi les 32 figures suivantes ?

Solutions des exercices

NIVEAU FACILE

P. 40-41 : QCM culturel

Emile Zola ; caravelle ; judo ; couleuvre ; Italie
belge ; araignée ; Popeye ; XVIIIe ; Louis XIV

P. 42-43 : Quiz culturel

Pierre Perret ; le kir ; Avignon ; le sphinx ; H_2O
Jean-Jacques Annaud ; La Genèse ; Venise ; les enluminures ; Texas

P. 44 : Trouvez les villes

P. 45-46 : Anachronismes

1 - Non ; 2 - Non ; 3 - Non ; 4 - Non ; 5 - Oui ; 6 - Oui ; 7 - Oui ; 8 - Non ; 9 - Oui ; 10 - Oui ; 11 - Non ; 12 - Non ; 13 - Oui ; 14 - Non ; 15 - Non ; 16 - Non ; 17 - Oui ; 18 - Oui ; 19 - Non ; 20 - Non

1 - Non ; 2 - Non ; 3 - Oui ; 4 - Non ; 5 - Oui ; 6 - Non ; 7 - Non ; 8 - Oui ; 9 - Oui ; 10 - Non ; 11 - Oui ; 12 - Non ; 13 - Oui ; 14 - Oui ; 15 - Oui ; 16 - Oui ; 17 - Non ; 18 - Non ; 19 - Oui ; 20 - Non

P. 47-49 : Trouvez l'intrus

L'intrus est *melon*, seul fruit qui ne soit pas un agrume.
L'intrus est *topaze*, seule pierre fine parmi quatre pierres précieuses.
L'intrus est *Nouvelle-Zélande*, seul État d'Océanie parmi quatre États d'Asie.
L'intrus est *Luc Alphand*, seul skieur parmi quatre tennismen.
L'intrus est *merle*, seul passereau parmi quatre rapaces.

L'intrus est *biceps*, seul muscle parmi quatre os.
L'intrus est *peuplier*, seul arbre qui ne soit pas un arbre fruitier.
L'intrus est *Yom Kippour*, seule fête juive parmi quatre fêtes chrétiennes.
L'intrus est *millimètre*, seule unité de mesure de longueur parmi quatre unités de mesure de masse.
L'intrus est *Maurice Béjart*, seul chorégraphe parmi quatre metteurs en scène.

L'intrus est *Claude Debussy*, seul musicien parmi quatre peintres.
L'intrus est *radis*, seul légume parmi quatre céréales.
L'intrus est *Venise*, seule ville italienne parmi quatre villes espagnoles.
L'intrus est *siamois*, seule race de chat parmi quatre races de chiens.
L'intrus est *calcaire*, seule roche parmi quatre métaux.

P. 50-51 : Moitié - Moitié

Aulnay-sous-*Bois* ; Salon-de-*Provence*
Clermont-*Ferrand* ; Vaux-le-*Vicomte*
Marne-la-*Vallée* ; Rueil-M*almaison*
Auvers-sur-*Oise* ; La Ferté-*Bernard*
Palavas-les-*Flots* ; Juan-les-*Pins*

Être dans de beaux *draps* ; Prêter main-*forte*
Avoir du pain sur la *planche* ; Marcher à pas de *loup*
Couper la poire en *deux* ; Se crêper le *chignon*
Faire la sourde *oreille* ; Avoir un chat dans la *gorge*
Passer au peigne *fin* ; Tailler le bout de *gras*

Brandade de *morue* ; Banana *split*
Hachis *parmentier* ; Céleri *rémoulade*
Chili con *carne* ; Paupiette de *veau*
Rouleau de *printemps* ; Osso-*buco*
Baba au *rhum* ; Poire-belle-*hélène*

Allô maman *bobo* ; Sous le soleil *exactement*
Il jouait du piano *debout* ; Quand la musique est *bonne*
La poupée qui fait *non* ; On ira tous au *paradis*
Gare au *gorille* ; Comment te dire *adieu*
Siffler sur la *colline* ; Le petit pont de *bois*

P. 52-53 : Qui suis-je ?

Je suis *Marilyn Monroe.*
Je suis *Ludwig van Beethoven.*

P. 54-55 : Que suis-je ?

Je suis le film *Quatre mariages et un enterrement.*
Je suis la pièce *Le Bourgeois gentilhomme.*

P. 56-58 : Vrai ou faux

1 - Faux ; 2 - Faux ; 3 - Vrai ; 4 - Vrai ; 5 - Vrai ; 6 - Faux ; 7 - Vrai ; 8 - Faux ; 9 - Vrai ; 10 - Vrai ; 11 - Faux ; 12 - Vrai ; 13 - Faux ; 14 - Faux ; 15 - Faux ; 16 - Vrai ; 17 - Vrai ; 18 - Vrai ; 19 - Faux ; 20 - Vrai

1 - Vrai ; 2 - Faux ; 3 - Vrai ; 4 - Faux ; 5 - Vrai ; 6 - Faux ; 7 - Faux ; 8 - Faux ; 9 - Vrai ; 10 - Faux ; 11 - Vrai ; 12 - Faux ; 13 - Faux ; 14 - Vrai ; 15 - Faux ; 16 - Vrai ; 17 - Vrai ; 18 - Faux ; 19 - Vrai ; 20 - Vrai

1 - Vrai ; 2 - Faux ; 3 - Vrai ; 4 - Vrai ; 5 - Vrai ; 6 - Faux ; 7 - Faux ; 8 - Faux ; 9 - Faux ; 10 - Vrai ; 11 - Vrai ; 12 - Faux ; 13 - Vrai ; 14 - Faux ; 15 - Vrai ; 16 - Vrai ; 17 - Faux ; 18 - Faux ; 19 - Faux ; 20 - Vrai

P. 59-61 : Retrouvez les associations

L'Ermitage – Saint-Pétersbourg
La porte de Brandebourg – Berlin
La colonne de Trajan – Rome
Le palais des Papes – Avignon
L' Alhambra – Grenade

Venus Williams – tennis
Tigger Woods – golf
Richard Virenque – cyclisme
Laura Flessel – escrime
David Beckham – football

paella – Espagne
moussaka – Grèce
lasagnes – Italie
poulet tandoori – Inde
nems – Vietnam

Mylène Farmer – *Sans contrefaçon*
Alain Souchon – *Foule sentimentale*
Jacques Brel – *Mathilde*
Gérald de Palmas – *Sur la route*
Pascal Obispo – *Tombé pour elle*

Guernica – Pablo Picasso
La Joconde – Léonard de Vinci
Les Tournesols – Vincent Van Gogh
Les Nymphéas – Claude Monet
La Naissance de Vénus – Sandro Botticelli

Juan Carlos Ier – Espagne
Bill Clinton – États-Unis
Silvio Berlusconi – Italie
Boris Eltsine – Russie
Nelson Mandela – Afrique du Sud

P. 62-63 : Le chaînon manquant

Jack ; rouge ; saphir ; terre ; beurre
Garonne (fleuves français) ; auriculaire (doigts de la main) ; est (points cardinaux) ; incisive (dents) ; fa (notes de musique)

Allemagne ; Marius ; AB ; Paul McCartney ; Indien
Océanie (continents) ; odorat (sens) ; été (saisons) ; Aramis (3 mousquetaires) ; trèfle (couleurs de cartes)

P. 64-65 : À vous de ranger

Titre : Villes d'Espagne	Titre : Villes de Suisse	Titre : Villes de Grande-Bretagne	Titre : Villes d'Italie
Alicante	Berne	Birmingham	Gênes
Grenade	Genève	Cambridge	Milan
Saragosse	Lausanne	Liverpool	Pise
Séville	Neuchâtel	Manchester	Turin
Tolède	Zurich	Nottingham	Vérone

Titre : Auteurs latins	Titre : Auteurs britanniques	Titre : Auteurs russes	Titre : Auteurs français
Cicéron	Defoe	Dostoïevski	Molière
Ovide	Dickens	Gogol	Prévert
Plaute	Kipling	Pouchkine	Proust
Sénèque	Shakespeare	Tchekhov	Rimbaud
Virgile	Swift	Tolstoï	Voltaire

P. 66-67 : Trouvez le pays

Japon ; Italie
Royaume-Uni ; Australie

P. 68-69 : Trouvez la date

800 ; 1912 ; 1969 ; 1610 ; 1989
1929 ; 1789 ; 1492 ; 1939 ; 1515

1945 ; 1804 ; 1997 ; 1889 ; 1990
2001 ; 1968 ; 1918 ; 1992 ; 2002

P. 70-71 : Trouvez les couples

Astérix – Obélix ; Louis XVI – Marie-Antoinette ; Tarzan – Jane ; Laurel – Hardy ; Bonnie Parker – Clyde Barrow ; Alain Souchon – Laurent Voulzy ; Roméo – Juliette ; Isis – Osiris ; Yves Montand – Simone Signoret ; John Lennon – Yoko Ono ; Diana Spencer – Prince Charles ; Rodrigue – Chimène ; Mars – Vénus ; Tintin – Milou ; Bruce Willis – Demi Moore ; Roger Pierre – Jean-Marc Thibault ; Adam – Ève ; Romulus – Rémus ; Lancelot du Lac – Guenièvre ; Scarlett O'Hara – Rhett Butler.

Spirou – Fantasio ; France Gall – Michel Berger ; Philip Mortimer – Francis Blake ; Tristan – Yseult ; Junon – Jupiter ; Ulysse – Pénélope ; Jane Birkin – Serge Gainsbourg ; Liz Taylor – Richard Burton ; Starsky – Hutch ; Samson – Dalila ; Didon – Énée ; Tanguy – Laverdure ; Napoléon Ier – Joséphine de Beauharnais ; Jules César – Cléopâtre ; Esméralda – Quasimodo ; Henri IV – Marie de Médicis ; Hamlet – Ophélie ; Dupond – Dupont ; Françoise Hardy – Jacques Dutronc ; Boule – Bill.

P. 72-74 : Déchiffrement

Les mirages sont en quelque sorte le mensonge du désert.
Il faut une infinie patience pour attendre toujours ce qui n'arrive jamais.
Le monde est un livre et ceux qui ne voyagent pas n'en lisent qu'une page.

P. 75-76 : Tours de Hanoi

5 déplacements sont nécessaires pour passer de la configuration A à la configuration B :
anneau noir sur la tige 2
anneau rouge sur la tige 3
anneau noir sur la tige 1
anneau grisé sur la tige 3
anneau noir sur la tige 3

6 déplacements sont nécessaires pour passer de la configuration A à la configuration B :
anneau grisé sur la tige 3
anneau noir sur la tige 3
anneau rouge sur la tige 2
anneau noir sur la tige 1
anneau grisé sur la tige 2
anneau noir sur la tige 2

P. 77-79 : Que d'accrocs dans cette histoire

Jusqu'à l'*âge* de quarante-cinq ans, l'*intrépide* Tarasconnais n'avait pas une fois *couché* hors de sa ville. Il n'avait pas même fait ce fameux voyage à *Marseille*, que tout bon *Provençal* se paie à sa *majorité*. C'est au plus s'il *connaissait* Beaucaire, et cependant *Beaucaire* n'est pas bien loin de Tarascon, puisqu'il n'y a que le *pont* à traverser. Malheureusement ce *diable* de pont a été si souvent *emporté* par les *coups* de vent, il est si long, si *frêle*, et le Rhône a tant de largeur à cet *endroit* que, ma foi ! Vous comprenez... Tartarin de Tarascon *préférait* la terre ferme.

Cette *maison*, revêtue d'ardoises, se trouvait entre un *passage* et une ruelle aboutissant à la *rivière*. Elle avait intérieurement des *différences* de niveau qui faisaient *trébucher*. Un vestibule *étroit* séparait la cuisine de la *salle* où Madame Aubain se tenait tout le long du *jour*, assise près de la croisée dans un fauteuil de *paille*. Contre le lambris peint en *blanc*, s'alignaient huit chaises d'*acajou*. Un vieux piano *supportait* sous un baromètre un tas *pyramidal* de boîtes et de cartons. Deux bergères de tapisserie flanquaient la *cheminée* en marbre jaune et de *style* Louis XV.

Maxime, qui *désirait* parler à Renée, traversa le grand *salon* dans sa *longueur*, sachant bien où il trouverait le cénacle de ces *dames*. Il y avait, à l'autre *extrémité* de la galerie, faisant pendant au fumoir, une pièce *ronde* dont on avait fait un *adorable* petit salon. Ce salon, avec ses *tentures*, ses rideaux et ses portières de satin bouton d'*or*, avait un charme voluptueux, d'une saveur *originale* et exquise. Les *clartés* du lustre, très délicatement *fouillé*, chantaient une *symphonie* en jaune mineur, au milieu de toutes ces *étoffes* couleur de *soleil*.

P. 80-81 : Écrire dans les étoiles

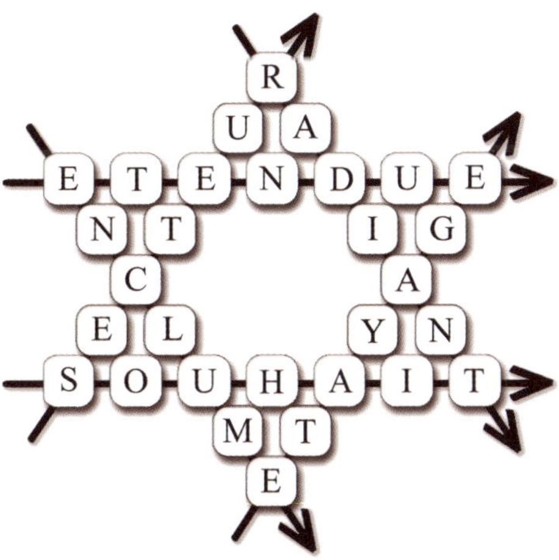

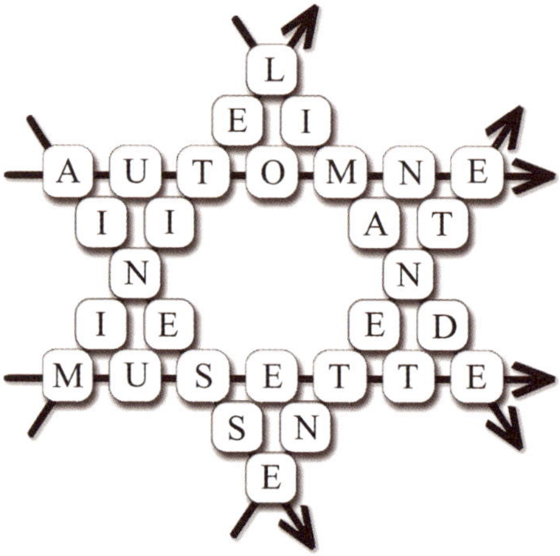

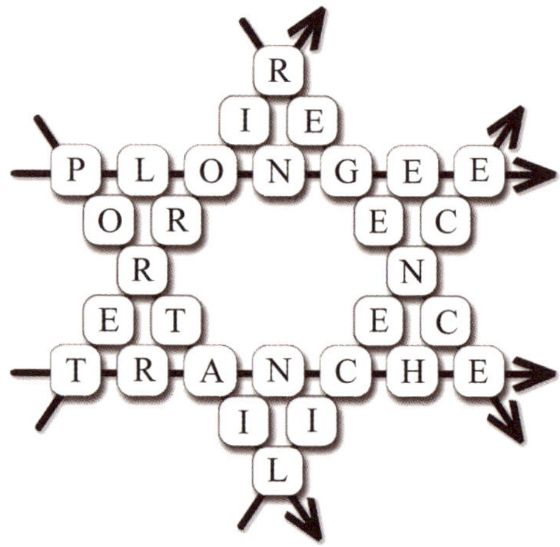

P. 82-84 : La saison des haïkus

été ; été ; printemps ; automne ; hiver
printemps ; hiver ; automne ; hiver ; été
hiver ; printemps ; été ; hiver ; printemps

P. 85-87 : Jouez au basket

4 coups sont nécessaires pour passer de la configuration A à la configuration B :
ballon 5 dans le panier 3
ballon 2 dans le panier 2
ballon 5 dans le panier 1
ballon 4 dans le panier 2

3 coups sont nécessaires pour passer de la configuration A à la configuration B :
ballon 3 dans le panier 3
ballon 4 dans le panier 2
ballon 5 dans le panier 3

5 coups sont nécessaires pour passer de la configuration A à la configuration B :
ballon 3 dans le panier 2
ballon 2 dans le panier 2
ballon 4 dans le panier 1
ballon 2 dans le panier 3
ballon 3 dans le panier 3

P. 88-89 : Calcul mental

1er problème :
90 : 360 x 100 = 25 *25 %* des bouteilles de la cave contiennent du vin blanc.
120 : 360 x 100 = 33 *33 %* des bouteilles de la cave contiennent du vin rouge.

2e problème :
67 – 1 = 66 66 : 6 x 5 = 55 Le poulailler de M. Jean compte *55 poules*.

3e problème :
S'il y a toujours au moins 1 fille lorsque l'on prend 2 élèves au hasard, cela implique que tous les élèves sont des filles, sauf 1 !
17 – 1 = 16 Il y a *16 filles* au cours de russe.

4e problème :
6 x 3 x 2 = 36
5 x 10 x 0,5 = 25
3 x 8 x 0,25 = 6
36 + 25 + 6 = 67 Il y a *67 kilos* de fruits et légumes dans la camionnette.

P. 90-91 : Trouvez le mot caché

BANQUETTE ; LIMOUSINE
RECTANGLE ; FAIBLESSE

P. 92-94 : Question d'orthographe

apercevoir ; parasol ; méchamment ; dépendance ; bicyclette ; appeler ; accueil ; zigzag ; yaourt ; lointain ; mappemonde ; amarre ; hareng ; emprunter ; clafoutis ; hautbois ; commémorer ; absence ; accréditer ; littérature

intendance ; cueillette ; bilboquet ; unanimité ; viscère ; paiement ; diamant ; absorption ; conscience ; horrifiant ; expansion ; ébouriffer ; honnêteté ; partiellement ; complainte ; pêle-mêle ; épithète ; apeurer ; savamment ; poêle

apaiser ; cercueil ; notamment ; verrière ; baignoire ; thermostat ; souveraineté ; jacinthe ; comptabilité ; mélèze ; cuirasse ; environnement ; catéchisme ; additionner ; parallèle ; solliciter ; remaniement ; python ; lâchement ; harcèlement

P. 99-100 : Féminin ou masculin ?

Mots féminins	Mots masculins
absence	abcès
apparence	éléphant
autoroute	éloge
gazelle	filet
grue	hochet
hache	narcisse
oasis	nuage
poule	poulpe

Mots féminins	Mots masculins
carte	astérisque
fève	crabe
fièvre	cratère
galère	ivoire
ivresse	maillot
lisière	malheur
liste	musée
muse	obélisque

P. 101-102 : Pair ou impair ?

Nombres pairs	Nombres impairs
78	11
142	23
212	47
602	55
620	79
4578	145
4758	213
5416	2111

Nombres pairs	Nombres impairs
7032	7031
5858	6021
2200	5705
2020	5075
858	1669
80	703
72	27
12	21

P. 103-104 : Mots coupés

bison ; chèvre ; cochon ; crabe ; cygne ; fourmi ; guêpe ; lapin ; mouton ; phoque ; poule ; puce ; renard ; requin ; serpent ; singe ; taupe ; tigre ; tortue ; zèbre

brugnon ; cassis ; citron ; datte ; figue ; fraise ; kaki ; kiwi ; litchi ; mangue ; marron ; melon ; mûre ; nèfle ; papaye ; pêche ; poire ; pomme ; prune ; raisin

P. 105-106 : Triez les mots

Titre : Champignons	Titre : Salades	Titre : Fruits	Titre : Céréales
bolet	chicorée	abricot	avoine
cèpe	frisée	ananas	blé
chanterelle	laitue	cerise	maïs
morille	mâche	datte	riz
mousseron	scarole	myrtille	seigle

Titre : Fromages	Titre : Charcuterie	Titre : Gâteaux	Titre : Viande
beaufort	bacon	charlotte	entrecôte
brie	chorizo	clafoutis	gigot
cantal	jambon	fraisier	rôti
coulommiers	salami	savarin	steak
livarot	saucisson	succès	tournedos

P. 111-116 : Le juste mot

dragée ; fémur ; étable ; majorette ; monologue
licorne ; mosquée ; laisse ; jarretière ; fournil

bigoudi ; fauteuil ; encre ; momie ; nonagénaire
moustache ; laie ; hypertension ; hochet ; majordome

saké : alcool de riz japonais
jars : mâle de l'oie
quetsche : grosse prune allongée de couleur violacée
modélisme : fabrication de maquettes, de modèles réduits
garçonnière : au XIXe siècle, logement d'un homme célibataire, utilisé particulièrement pour des rendez-vous galants

faune : divinité romaine des bois mi-homme, mi-chèvre
saindoux : graisse de porc fondue
poupe : partie arrière d'un navire
gaspacho : potage espagnol à base de concombre et de tomate, que l'on sert froid
guérite : abri à l'usage des sentinelles

P. 117-118 : Haïkus

La tempête d'hiver
Envoie les graviers faire sonner
La cloche

Prunier d'hiver, tes membres
Tordus grincent. Les miens aussi
Vieux que je suis

L'enfant qui l'imite
Est plus merveilleux
Que le cormoran

Le bois d'été
Un homme y entre
Et disparaît

Les melons ont si chaud
Qu'ils ont roulé
Hors de leur cachette feuillue

Le voleur
M'a tout emporté sauf
La lune qui était à ma fenêtre

La boule de neige
À la fin devient
Immense

Souffle le vent d'automne
Mais les bogues des châtaignes
Sont vertes

Tous les divers
Les difficiles noms
Des herbes folles du printemps

La lune dans l'eau
Fit un saut périlleux
Et se répandit au loin

P. 119-120 : Videz votre sac

Racine GR - - : gras ; grau ; gray ; grec ; grès ; gril ; grip ; gris ; grog ; gros ; grue
Racine PO - - : poil ; pois ; poix ; pôle ; poli ; polo ; pont ; pool ; pope ; porc ; pore ; port ; pose ; pote ; pouf ; pour

Racine CL - - : clam ; clan ; clap ; clef ; clic ; clin ; clip ; clos ; clou ; club
Racine PA - - : pack ; page ; paie ; pain ; pair ; paix ; pale ; pali ; palu ; paon ; papa ; pape ; papi ; papy ; parc ; pari ; part ; pâte ; pâté ; pavé ; paye ; pays

P. 121-122 : Jeux de mots

gros ; beau ; méchant ; propre ; imprudent ; bas ; faux ; sec ; faible ; étroit
maman – mère ; sortie – issue ; souci – ennui ; aspect – physionomie ; diarrhée – colique

malhonnête ; petit ; dur ; peureux ; mauvais ; fin ; ouvert ; rare ; vieux ; lourd
tristesse – chagrin ; magie – sorcellerie ; broc – pichet ; missive – lettre ; tri – sélection

P. 127-132 : Observation

1re disposition :
Il y avait *9 grenouilles* sur la disposition.
Les rats tournaient la tête vers la *gauche*.
Le troisième animal était un *canard*.

2e disposition :
Il y avait *21 éléments* au total sur la disposition.
La paille se trouvait du *côté droit* du verre.
Il y avait *8 salières* sur la disposition.

3e disposition :
Il y avait *4 éléments* différents sur la disposition.
Les ciseaux étaient *ouverts*.
La mine du crayon se trouvait du *côté gauche*.

P. 139-142 : Reconstituez un blason

1er blason : il fallait choisir la *forme 3*, la *couleur 1*, le *motif 4*.
2e blason : il fallait choisir la *forme 2*, la *couleur 1*, le *motif 3*.

P. 143-144 : Reconstituez un puzzle

1er puzzle : *toutes les figures* entrent dans la composition du puzzle.
2e puzzle : les figures *2* et *3* n'entrent pas dans la composition du puzzle.

P. 153-154 : Figures enchevêtrées

1re figure enchevêtrée : les 3 éléments qui composent la figure sont *3, 4, 5*.
2e figure enchevêtrée : les 3 éléments qui composent la figure sont *4, 5, 6*.

P. 155-158 : Attention, ça tourne

1re figure : les deux figures sont *différentes* (inverses).
2e figure : les deux figures sont *identiques*.
3e figure : les deux figures sont *identiques*.
4e figure : les deux figures sont *différentes* (inverses).

NIVEAU MOYEN

P. 164-165 : QCM culturel

Jupiter ; 31 octobre ; 24 ; Cu ; Virgile
Agra ; 11 ; illettré ; Jeanne ; dirham

P. 166-167 : Quiz culturel

oméga ; sur les bancs publics ; Jean-Pierre Raffarin ; Renault ; Ottawa
Cyrano de Bergerac ; François Ier ; Auguste et Louis ; Gustave Eiffel ; la guerre

P. 168 : Trouvez les villes

P. 169 : Anachronismes

1 - Non ; 2 - Oui ; 3 - Non ; 4 - Oui ; 5 - Oui ; 6 - Non ; 7 - Non ; 8 - Oui ;
9 - Oui ; 10 - Oui ; 11 - Non ; 12 - Non ; 13 - Oui ; 14 - Oui ; 15 - Non ; 16 - Oui ;
17 - Oui ; 18 - Oui ; 19 - Oui ; 20 - Non

P. 170-171 : Trouvez l'intrus

L'intrus est *Camille Pissarro*, seul peintre français parmi quatre peintres espagnols.
L'intrus est *williams*, seule variété de poire parmi quatre variétés de pomme.
L'intrus est *Jean Valjean*, seul personnage des *Misérables* parmi quatre personnages de *Notre-Dame de Paris*.
L'intrus est *carpe*, seul poisson d'eau douce parmi quatre poissons marins.
L'intrus est *Axelle Red*, seule chanteuse belge parmi quatre chanteuses françaises.

L'intrus est *Haute-Loire*, seul département d'Auvergne parmi quatre départements de Rhône-Alpes.
L'intrus est *Delicatessen*, seul film de J.-P. Genet parmi quatre films de L. Besson.
L'intrus est *raisin*, seul fruit européen parmi quatre fruits exotiques.
L'intrus est *kinésithérapie*, seule spécialité paramédicale parmi quatre spécialités médicales.
L'intrus est *dames*, seul jeu de pions parmi quatre jeux de cartes.

P. 172-173 : Moitié - moitié

Milou en *mai* ; Escrocs mais pas *trop*
On connaît la *chanson* ; La Femme de mon *pote*
Alien, le huitième *passager* ; Les Vestiges du *jour*
Le Patient *anglais* ; Tous les matins du *monde*
Au revoir les *enfants* ; Edward aux mains *d'argent*

La nuit des longs *couteaux* ; Les taxis de la *Marne*
L'opération Tempête du *désert* ; Les sorcières de *Salem*
L'appel du 18 *juin* ; L'enlèvement des *Sabines*
La bataille de Little Big *Horn* ; Le serment du Jeu de *paume*
Le vase de *Soissons* ; La guerre de Trente *Ans*

Val-de-*Marne* ; Meurthe-et-*Moselle*
Seine-*Maritime* ; Corse-du-*Sud*
Loire-*Atlantique* ; Maine-et-*Loire*
Tarn-et-*Garonne* ; Hauts-de-*Seine*
Pas-de-*Calais* ; Charente-*Maritime*

La garde meurt et ne se rend *pas* ; Honni soit qui mal y *pense*.
Après nous, le *déluge* ; Soldats, je suis content de *vous*.
Qui m'aime me *suive* ; Et pourtant, elle *tourne*.
Mon royaume pour un *cheval* ; Souviens-toi du vase de *Soissons*.
J'y suis, j'y *reste* ; Paris vaut bien une *messe*.

P. 174 : Qui suis-je ?

Je suis Albert Einstein.

P. 175 : Que suis-je ?

Je suis le roman *Bel-Ami*.

P. 176-177 : Vrai ou faux

1 - Faux ; 2 - Vrai ; 3 - Vrai ; 4 - Vrai ; 5 - Faux ; 6 - Vrai ; 7 - Vrai ; 8 - Vrai ; 9 - Faux ; 10 - Vrai ; 11 - Vrai ; 12 - Vrai ; 13 - Faux ; 14 - Faux ; 15 - Faux ; 16 - Vrai ; 17 - Vrai ; 18 - Faux ; 19 - Vrai ; 20 - Vrai

1 - Faux ; 2 - Vrai ; 3 - Vrai ; 4 - Vrai ; 5 - Faux ; 6 - Vrai ; 7 - Faux ; 8 - Vrai ; 9 - Vrai ; 10 - Vrai ; 11 - Faux ; 12 - Vrai ; 13 - Faux ; 14 - Faux ; 15 - Vrai ; 16 - Faux ; 17 - Faux ; 18 - Faux ; 19 - Vrai ; 20 - Vrai

P. 178-179 : Retrouvez les associations

Allessandro Volta – pile électrique
Samuel Colt – revolver
Thomas Edison – phonographe
Samuel Morse – télégraphe électrique
Denis Papin – machine à vapeur

barbue – poissons
mainate – oiseaux
limace – mollusques
tourteau – crustacés
crapaud – amphibiens

sodium – Na
plomb – Pb
phosphore – P
argent – Ag
aluminium – Al

Orange mécanique – Stanley Kubrick
Maudite Aphrodite – Woody Allen
Pulp Fiction – Quentin Tarantino
La Liste de Schindler – Steven Spielberg
Talons aiguilles – Pedro Almodóvar

P. 180 : Le chaînon manquant

Saint Marc ; Lettonie ; verte ; Argentine ; Finistère
Timide (7 nains) ; marteau (objets utilisés au lancer) ; Uranus (planètes du système solaire) ; Écosse (régions du Royaume-Uni) ; tour (pièces du jeu d'échecs)

P. 181 : À vous de ranger

Titre : Dieux égyptiens	Titre : Dieux grecs	Titre : Dieux romains	Titre : Dieux hindous
Amon	Aphrodite	Bacchus	Brahma
Anubis	Athéna	Diane	Ganesh
Hathor	Dionysos	Junon	Kali
Horus	Éros	Mars	Shiva
Isis	Poséidon	Neptune	Vishnou

P. 182-183 : Trouvez le pays

Inde ; Grèce
Égypte ; Chili

P. 184 : Trouvez la date

1978 ; 1815 ; 1643 ; 1895 ; 1789
1969 ; 1793 ; 1936 ; 1945 ; 1981

P. 185 : Trouvez les couples

Camille Claudel – Auguste Rodin ; Lauren Bacall – Humphrey Bogart ; Brett Sinclair – Dany Wilde ; Marcel Cerdan – Édith Piaf ; Aristote Onassis – Jacqueline Kennedy ; Candide – Cunégonde ; Woody Allen – Mia Farrow ; Régis Laspalès – Philippe Chevalier ; Caïn – Abel ; Emma Peel – John Steed ; Jean-Paul Sartre – Simone de Beauvoir ; Marilyn Monroe – Arthur Miller ; Jason – Médée ; La marquise de Merteuil – Le vicomte de Valmont ; Roger Vadim – Catherine Deneuve ; Henri II – Catherine de Médicis ; Prince Andrew – Sarah Ferguson ; Marina Anissina – Gwendal Peizerat ; Sissi – François-Joseph Ier ; Loïs Lane – Clark Kent

P. 186-187 : Déchiffrement

La réalité, quelle qu'elle soit, est bien plus belle que l'illusion.
La fleur ne vaut pour moi que comme une promesse de fruit.

P. 188 : Tours de Hanoi

8 déplacements sont nécessaires pour passer de la configuration A à la configuration B :
anneau rouge sur la tige 3
anneau noir sur la tige 3
anneau grisé sur la tige 2
anneau noir sur la tige 2
anneau rouge clair sur la tige 3
anneau noir sur la tige 1
anneau grisé sur la tige 3
anneau noir sur la tige 3

P. 189-190 : Que d'accrocs dans cette histoire

Je sais qu'un tel *discours* de moi paraît étrange ;
Mais, Madame, après tout, je ne suis pas un *ange* ;
Et si vous *condamnez* l'aveu que je vous fais,
Vous devez vous en prendre à vos charmants *attraits*.
Dès que j'en vis *briller* la splendeur plus qu'*humaine*,
De mon *intérieur* vous fûtes souveraine ;
De vos *regards* divins l'*ineffable* douceur
Força la *résistance* où s'obstinait mon *cœur* ;
Elle *surmonta* tout, jeûnes, *prières*, larmes,
Et *tourna* tous mes *vœux* du côté de vos charmes.

N'*attendez* point de moi de marques de douleur ;
On ne *perd* presque rien à perdre un *mauvais* cœur ;
Et ce serait *montrer* une faiblesse *extrême*,
Par de lâches *transports* de prouver qu'on vous aime,
Vous qui n'avez pour moi qu'*insensibilité*
Doit-on par des *soupirs* payer la *cruauté* ?
C'en est fait, je vous *laisse* à votre indifférence ;
Je vais mettre à vous fuir mon *unique* constance ;
Et si vous m'*accablez* d'un si *cruel* destin,
Vous ne *jouirez* pas du moins de mon *chagrin*.

P. 191 : Écrire dans les étoiles

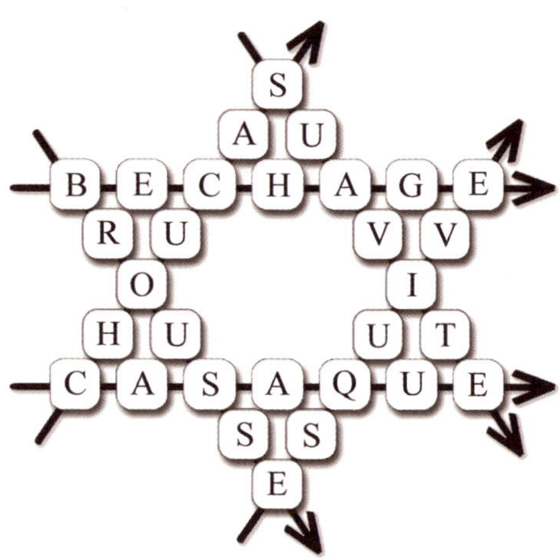

P. 192 : La saison des haïkus

été ; printemps ; été ; été ; hiver

P. 193-194 : Jouez au basket

6 coups sont nécessaires pour passer de la configuration A à la configuration B :
ballon 5 dans le panier 3
ballon 2 dans le panier 3
ballon 4 dans le panier 2
ballon 1 dans le panier 2
ballon 2 dans le panier 1
ballon 5 dans le panier 1

8 coups sont nécessaires pour passer de la configuration A à la configuration B :
ballon 4 dans le panier 1
ballon 5 dans le panier 3
ballon 4 dans le panier 2
ballon 5 dans le panier 2
ballon 1 dans le panier 3
ballon 3 dans le panier 2
ballon 1 dans le panier 1
ballon 3 dans le panier 1
D'autres solutions étaient possibles, mais toujours en 8 coups.

P. 195 : Calcul mental

1er problème :

17 + 8 = 25	Dans 8 ans, Simon aura 25 ans.
25 x 3 = 75	Dans 8 ans, son grand-père aura 75 ans.
75 - 8 = 67	Le grand-père de Simon a aujourd'hui *67 ans*.

2e problème :

6 trompes	Le zoo possède 6 éléphants.
40 - 4 x 6 = 16	
16 : 2 = 8	Le zoo possède 8 flamants roses.
50 : 2 - 8 - 6 = 11	Le zoo possède *11 serpents*.

P. 196-197 : Trouvez le mot caché

ALOUETTE ; POIGNARD
CALCAIRE ; JACINTHE

P. 198 : Question d'orthographe

charrette ; résolument ; acquittement ; étymologie ; genèse ; hospitalier ; gentiment ; chromosome ; jarretière ; essentiel ; pulluler ; réceptionniste ; solennellement ; quetsche ; récépissé ; scepticisme ; télescope ; effervescence ; électrolyse ; moelle

P. 203 : Féminin ou masculin ?

Mots féminins	Mots masculins
amande	amiante
amanite	edelweiss
amarre	épisode
épitaphe	hortensia
épître	juge
horloge	jute
hormone	tertre
jupe	tréteau

P. 204 : Pair ou impair ?

Nombres pairs	Nombres impairs
54466	96969
75684	213695
75864	362517
210210	365217
544662	504461
612536	696969
614582	800567
969696	800569

P. 205-206 : Mots coupés

aine ; bouche ; buste ; cortex ; coude ; genou ; jambe ; lèvre ; lobe ; menton ; nombril ; nuque ; orteil ; poignet ; pouce ; talon ; tempe ; tête ; thorax ; ventre

basket ; bobsleigh ; boxe ; football ; hockey ; judo ; kayak ; kendo ; luge ; lutte ; marche ; moto ; plongeon ; polo ; rafting ; rugby ; tennis ; vélo ; voile ; volley

P. 207-208 : Triez les mots

Titre : Matériel d'athlétisme	Titre : Matériel d'équitation	Titre : Matériel de golf	Titre : Matériel d'escalade
disque	bombe	balle	baudrier
javelot	cravache	bois	dégaine
marteau	éperon	club	descendeur
perche	mors	putter	mousqueton
poids	rêne	tee	sangle

Titre : Antilopes	Titre : Singes	Titre : Serpents	Titre : Chauves-souris
algazelle	atèle	anaconda	noctule
gazelle	bonobo	aspic	oreillard
impala	gibbon	cobra	pipistrelle
oryx	mandrill	crotale	roussette
springbok	ouistiti	mamba	vampire

P. 211-213 : Le juste mot

comte ; nectar ; malaria ; losange ; lad

galon ; méchoui ; nuque ; ketchup ; jamboree

ostréiculture : culture des huîtres
poulaine : chaussure caractérisée par une pointe longue et relevée, que l'on portait à la Renaissance
décorum : ensemble des usages de la bonne société, règles protocolaires
pâtisson : variété de courge de couleur blanchâtre
clamp : instrument de chirurgie utilisé pour pincer les vaisseaux ou les canaux

P. 214-215 : Haïkus

Le mot intrus est *joie*. Il remplace le mot *palourde*.
Le mot intrus est *mange*. Il remplace le mot *bouge*.
Le mot intrus est *chevaux*. Il remplace le mot *cheveux*.
Le mot intrus est *éclabousse*. Il remplace le mot *écoute*.
Le mot intrus est *parlent*. Il remplace le mot *volent*.

Le mot intrus est *nénuphars*. Il remplace le mot *hommes*.
Le mot intrus est *vacarme*. Il remplace le mot *soir*.
Le mot intrus est *asperge*. Il remplace le mot *alouette*.
Le mot intrus est *montagne*. Il remplace le mot *plage*.
Le mot intrus est *miaulement*. Il remplace le mot *meuglement*.

P. 216-217 : Videz votre sac

Racine MO - - : mode ; moie ; mois ; moka ; mole ; môme ; mont ; more ; mors ; mort ; moto ; moue ; mout ; moxa ; moye
Racine FA - - : face ; fada ; fado ; faim ; fait ; faix ; fane ; faon ; fard ; faré ; faro ; fart ; faux

Racine BR - - : brai ; bran ; bras ; bref ; bren ; brie ; brin ; brio ; bris ; broc ; brou ; brun ; brut
Racine MI - - : mica ; midi ; miel ; mile ; mime ; mine ; mips ; mire ; mirv ; mise ; miss ; mite

P. 218 : Jeux de mots

hypertension ; nier ; avare ; diurne ; concave ; facultatif ; subjectivité ; provisoire ; fécond ; collectif
attitude – comportement ; suspicieux – soupçonneux ;
intelligible – compréhensible ; duègne – gouvernante ; honnêteté – probité

P. 221-224 : Observation

1re disposition :
Il y avait 2 *formes* de chapeaux différentes.
Les loups étaient de couleur *noire*.
Non, les couronnes étaient soit noires, soit roses.
Oui, on voyait partiellement l'intérieur des couronnes.

2e disposition :
Il y avait davantage d'éléments *roses*.
Les yeux étaient de couleur *rose*.
Les bouches étaient *entrouvertes*.
Il s'agissait d'oreilles *gauches*.

P. 229-232 : Reconstituez un blason

1er blason : il fallait choisir la *forme 4*, la *couleur 3*, le *motif 5 répété 3 fois*.
2e blason : il fallait choisir la *forme 6*, la *couleur 3*, les *motifs 2 et 5*.

P. 233 : Reconstituez un puzzle

La figure *3* n'entre pas dans la composition du puzzle.

P. 239 : Figures enchevêtrées

Les 3 éléments qui composent la figure sont *2*, *3*, *9*.

P. 240-242 : Attention, ça tourne

1re figure : la figure intruse est la figure *3*.
2e figure : la figure intruse est la figure *2*.
3e figure : la figure intruse est la figure *1*.

NIVEAU PLUS DIFFICILE

P. 246 : QCM culturel

Thésée ; vert ; Verdi ; 9 ; Guinée

P. 247 : Quiz culturel

Paul ; Aix-en-Provence ; Danemark ; Albert Einstein ; courriel

P. 248 : Trouvez les villes

P. 249 : Anachronismes

1 - Non ; 2 - Non ; 3 - Oui ; 4 - Oui ; 5 - Non ; 6 - Oui ; 7 - Oui ; 8 - Oui ; 9 - Non ; 10 - Oui ; 11 - Oui ; 12 - Non ; 13 - Non ; 14 - Oui ; 15 - Oui ; 16 - Non ; 17 - Oui ; 18 - Non ; 19 - Non ; 20 - Oui

P. 250 : Trouvez l'intrus

L'intrus est *laiton*, seul alliage parmi quatre métaux.
L'intrus est *Tristan*, seul personnage médiéval qui ne soit pas un chevalier de la Table ronde.
L'intrus est *Limoges*, seul chef-lieu de région parmi quatre chefs-lieux de département.
L'intrus est *requin*, seul poisson parmi quatre mammifères marins.
L'intrus est *Philippe IV*, seul roi de France de la dynastie des Capétiens parmi quatre rois de France de la dynastie des Valois.

P. 251 : Moitié - moitié

La Cousine *Bette* ; Le Lys dans la *vallée*
L'Élixir de longue *vie* ; Le Médecin de *campagne*
Eugénie *Grandet* ; Le Père *Goriot*
La Femme de trente *ans* ; Mémoires de deux jeunes *mariées*
La Peau de *chagrin* ; Le Cousin *Pons*

Joe Bar *Team* ; Les Tuniques *bleues*
Corto *Maltese* ; Largo *Winch*
Lanfeust de *Troy* ; Buck *Danny*
Rubrique à *brac* ; Quick et *Flupke*
Litteul *Kevin* ; Les Passagers du *vent*

P. 252 : Qui suis-je ?

Je suis Arthur Rimbaud.

P. 253 : Que suis-je ?

Je suis le tableau *Impression, Soleil levant.*

P. 254 : Vrai ou faux

1 - Vrai ; 2 - Vrai ; 3 - Vrai ; 4 - Faux ; 5 - Faux ; 6 - Vrai ; 7 - Faux ; 8 - Vrai ; 9 - Faux ; 10 - Faux ; 11 - Faux ; 12 - Faux ; 13 - Vrai ; 14 - Faux ; 15 - Vrai ; 16 - Faux ; 17 - Faux ; 18 - Vrai ; 19 - Vrai ; 20 - Vrai

P. 255 : Retrouvez les associations

Rangoon – Birmanie
Jakarta – Indonésie
Libreville – Gabon
Bamako – Mali
Islamabad – Pakistan

Fin de partie – Samuel Beckett
La Fée carabine – Daniel Pennac
L'Enchanteur – René Barjavel
Mémoires d'Hadrien – Marguerite Yourcenar
La Chute – Albert Camus

P. 256 : Le chaînon manquant

Amy ; Valéry Giscard d'Estaing ; Capitole ; *La Pinta* ; Niger
Vendée (départements des Pays de la Loire) ; Valois (dynasties des rois de France) ; Jacques Brugnon (mousquetaires du tennis français) ; orgueil (péchés capitaux) ; US Open (tournois du Grand Chelem).

P. 257 : À vous de ranger

Titre : Footballeurs	Titre : Rugbymen	Titre : Tennismen	Titre : Coureurs cyclistes
Franck Lebœuf	Abdelatif Bénazzi	Gustavo Kuerten	Fausto Coppi
Laurent Robert	Christophe Dominici	Juan-Carlos Ferrero	Jan Ullrich
Raymond Kopa	Émile N'Tamack	Nicolas Escudé	Lance Armstrong
Roberto Baggio	Fabien Pelous	Paul-Henri Mathieu	Laurent Jalabert
Robert Cabañas	Olivier Magne	Thomas Enqvist	Miguel Indurain

P. 258-259 : Trouvez le pays

Portugal ; Brésil
Norvège ; Indonésie

P. 260 : Trouvez la date

1515 ; - 52 ; 1979 ; 1431 ; 1975
2001 ; 1776 ; - 44 ; 1948 ; 1992

P. 261 : Trouvez les couples

Victor Hugo – Juliette Drouet ; George Sand – Frédéric Chopin ; Néfertiti – Aménophis IV ; Louis Aragon – Elsa Triolet ; Ingrid Bergman – Roberto Rossellini ; Emma Bovary – Rodolphe Boulanger ; Andromaque – Hector ; Louis XIII – Anne d'Autriche ; Louis XV – Marie Leszczynska ; Catherine Ringer – Fred Chichin ; Salvador Dalí – Gala Eluard ; Candice Bergen – Louis Malle ; Marie Sklodowska – Pierre Curie ; Dante Alighieri – Béatrice Portinari ; Hadès – Perséphone ; Juan Perón – Eva Duarte ; Persée – Andromède ; Néfertari – Ramsès II ; Henri VIII – Anne Boleyn ; Annie Lennox – Dave Stewart

P. 262 : Déchiffrement

Ce monde me paraît un tourbillon habité par un peuple à qui la tête tourne.

P. 263 : Tours de Hanoi

10 déplacements sont nécessaires pour passer de la configuration A à la configuration B :
anneau grisé sur la tige 2
anneau noir sur la tige 2
anneau rouge sur la tige 3
anneau noir sur la tige 3
anneau grisé sur la tige 1
anneau noir sur la tige 1
anneau rouge clair sur la tige 3
anneau noir sur la tige 2
anneau grisé sur la tige 3
anneau noir sur la tige 3

P. 264 : Que d'accrocs dans cette histoire

Sous les *branches* de saule en la *vase* baignées
Un *peuple* impur se tait, glacé dans sa *torpeur*,
Tandis qu'on *voit* sur l'eau de grêles *araignées*
Fuir vers les *nymphéas* que voile une vapeur.

Mais, *planant* sur ce monde où la *vie* apaisée
Dort d'un *sommeil* sans joie et presque sans *réveil*,
Des *êtres* qui ne sont que lumière et *rosée*
Seuls *agitent* leur âme *éphémère* au soleil.

P. 265 : Écrire dans les étoiles

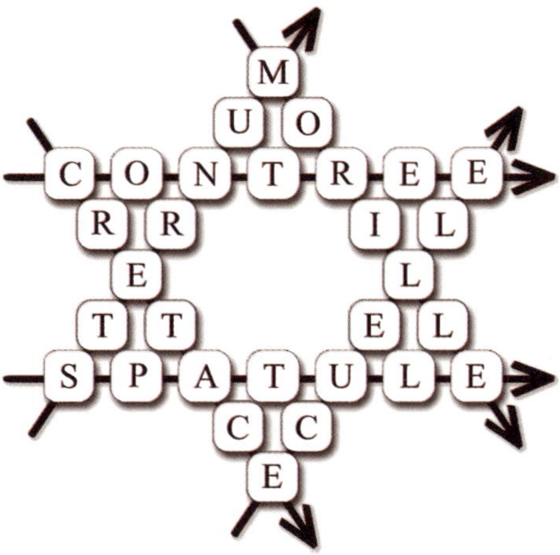

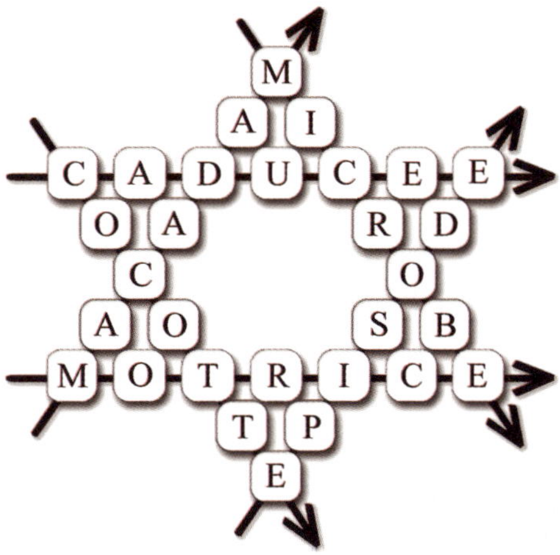

P. 266 : La saison des haïkus

hiver ; automne ; été ; printemps ; printemps

P. 267 : Jouez au basket

9 coups sont nécessaires pour passer de la configuration A à la configuration B :
ballon 5 dans le panier 1
ballon 1 dans le panier 3
ballon 3 dans le panier 1
ballon 1 dans le panier 2
ballon 3 dans le panier 2
ballon 2 dans le panier 1
ballon 4 dans le panier 2
ballon 2 dans le panier 3
ballon 4 dans le panier 3
D'autres solutions étaient possibles mais toujours en *9 coups*.

P. 268 : Calcul mental

1er problème :

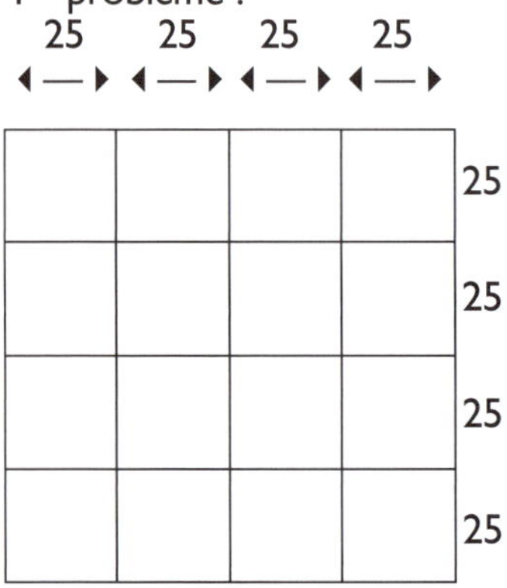

1 m^2 de tissu contient 16 serviettes de 25 x 25 cm.

16 x 40 = 640 — Mme Martin a repassé *640 serviettes au total.*
640 : 8 = 80 — Mme Martin a repassé *80 serviettes par heure.*

2e problème :
Soient B la boîte vide et P les pièces :
B + P = 2000
B + 1900 = P
Donc B + B + 1900 = 2000
2000 - 1900 = 100 = 2 x B
100 : 2 = 50 — La boîte vide pèse *50 grammes.*

P. 269 : Trouvez le mot caché

GRENIER ; REFRAIN

P. 270 : Question d'orthographe

essuie-main ; occurrence ; acquiescer ; diachronie ; hiatus ; légionellose ; chrysanthème ; polythéisme ; dysenterie ; edelweiss ; va-nu-pieds ; saccharose ; kinésithérapeute ; thyroïde ; cartésianisme ; amaryllis ; acolyte ; mâchicoulis ; panégyrique ; stéthoscope

P. 273 : Féminin ou masculin ?

Mots féminins	Mots masculins
anagramme	abyme
ébène	abysse
écritoire	asphalte
égide	effluve
hégémonie	haltère
none	hyménée
nonne	ovule
orthographe	ozone

P. 274 : Pair ou impair ?

Nombres pairs	Nombres impairs
741000	596659
727272	330025
569956	272727
100758	58965
100578	58961
80808	42501
74100	42051
27272	33025

P. 275 : Mots coupés

anorak ; bermuda ; cagoule ; caleçon ; cardigan ; chaussette ; chemise ; corsage ; costume ; cravate ; culotte ; débardeur ; écharpe ; jaquette ; nuisette ; pantalon ; pardessus ; pyjama ; socquette ; tunique

P. 276 : Triez les mots

Titre : Mesures de capacité	Titre : Mesures de longueur	Titre : Mesures de masse	Titre : Mesures de pression
baril	brasse	carat	atmosphère
boisseau	mille	livre	bar
gallon	pied	once	pascal
pinte	pouce	talent	pièze
stère	yard	tonne	torr

P. 279-281 : Le juste mot

rectrice ; quetzal ; nyctalopie ; galoche ; étalon
felouque ; lippe ; haddock ; foc ; gallicisme

otologie : spécialité médicale qui étudie l'oreille et ses maladies
nucléon : particule constituant le noyau d'un atome
paddy : riz non décortiqué
taxidermie : art de préparer et d'empailler des animaux morts de façon à ce qu'ils conservent la même apparence que de leur vivant
frimaire : troisième mois du calendrier républicain, s'étalant du 21/23 novembre au 20/22 décembre

P. 282-283 : Haïkus

On voit la brise du matin
Souffler les poils
De la chenille

La luciole
Éclaire
Son poursuivant

Glace nocturne
La cruche qui éclate
Me réveille

Le voyageur marchant
Mange une mandarine
Dans la lande fanée

Le rossignol
Nettoie ses pattes boueuses
Parmi les fleurs de prunier

Bâillant
Mon voisin louait
La lune

Les nuages accélèrent
Au rythme du cri
Du coq de bruyère

Pelant une poire
De tendres gouttes
Glissent au long du couteau

Sans calendrier
De pays en pays elles voyagent
Les oies sauvages

Silence
Le cri des cigales
Taraude les roches

P. 284 : Videz votre sac

Racine SU - - : suée ; suet ; suie ; suif ; sumo ; surf
Racine JA - - : jack ; jaco ; jade ; jaïn ; jais ; jard ; jars ; jass ; java ; jazz

P. 285-286 : Jeux de mots

misanthrope ; réel ; polythéisme ; anglophile ; hôte ; indolore ; atrophie ; relatif ; affranchir ; gigantisme
ictère – jaunisse ; kiwi – aptéryx ; agreste – rustique ; lunatique – versatile ; blutoir – tamis

germen ; incommensurable ; lento ; ubac ; stéréophonie ; solidification ; antonyme ; adducteur ; polysémique ; centrifuge
hellène – grec ; matamore – fanfaron ; orthogonal – perpendiculaire ; intersexué – hermaphrodite ; chancir – moisir

P. 289-290 : Observation

Il y avait 2 *formes* de nuages différentes.
Les soleils étaient de couleur *noire.*
Il y avait 6 *flocons roses.*
Oui, de la pluie tombait de certains nuages.
Non, les nuages étaient soit roses, soit noirs.

P. 293-294 : Reconstituez un blason

Il fallait choisir la *forme 6*, la *couleur 2*, les *motifs 5 et 8.*

P. 295 : Reconstituez un puzzle

Les figures *1* et 2 n'entrent pas dans la composition du puzzle.

P. 299 : Figures enchevêtrées

Les 3 éléments qui composent la figure sont *4, 7, 9.*
Les 3 éléments qui composent la figure sont *3, 4, 7.*

P. 301-302 : Attention, ça tourne

Les deux figures sont *identiques*.

Lexique des mots clés

Lexique des mots clés

Alzheimer (maladie d')
[maladie entraînant une mort des neurones et un dysfonctionnement de la mémoire]

autorépétition
[fait de se répéter oralement ou mentalement l'information à mémoriser]

encodage
[entrée de l'information en mémoire]

mémoire à court terme
[mémoire permettant le stockage temporaire d'une information]

mémoire de travail
[mémoire permettant d'utiliser une information et, simultanément, d'en retenir temporairement une autre]

Lexique des mots clés

mémoire épisodique
[mémoire des événements personnellement vécus]

mémoire procédurale
[mémoire des gestes et des actions]

mémoire sémantique
[mémoire des connaissances générales]

mémoire sensorielle
[mémoire temporaire très éphémère]

profondeur d'encodage
[ampleur avec laquelle l'information à mémoriser est étudiée]

récupération
[rappel d'une information stockée en mémoire]

Lexique des mots-clés

similarité des contextes
[degré de similitude entre le contexte d'apprentissage et le contexte de rappel d'une information]

stockage
[maintien de l'information en mémoire]

syndrome amnésique
[lésion cérébrale provoquant des troubles de mémoire]

Références bibliographiques

Références bibliographiques

Aupetit, H. (1998), *La Maladie d'Alzheimer,* coll. « Que Sais-Je ? », Odile Jacob.

Bacus, A. et Romain, C. (2002), *Le Guide Marabout des tests,* Marabout.

Brouillet, D. et Syssau, A. (2000), *La Maladie d'Alzheimer : Mémoire et vieillissement,* PUF, coll. « Que Sais-Je ? ».

Carter, R. (1999), *Atlas du cerveau,* Autrement.

De Rotrou, J. (2002), *La Tête en pleine forme : Tout ce qu'il faut pour améliorer vos capacités mentales,* Robert Laffont.

Dudink, A. et van der Meer, R. (1997), *Le Cerveau,* Seuil.

Dupoux, E. (2002), *Les Langages du cerveau,* Odile Jacob.

Références bibliographiques

Jeannerod, M. (2002), *Le Cerveau intime,* Odile Jacob.

Kamami, Y. V. (2002), *Peut-on aujourd'hui prévenir et traiter la maladie d'Alzheimer ?,* Éditions du Dauphin.

Le Pape, G. et Puzenat, N. (1999), *L'ABCdaire du cerveau,* Flammarion.

Lemaire, P. (1999), *Le Vieillissement cognitif,* PUF, coll. « Que Sais-Je ? ».

Rose, S. (1989), *La Mémoire, des molécules à l'esprit,* Seuil.

Rubinstein, H. (1997), *La Mémoire qui flanche,* Nil.

Van der Linden, M. et Hupet, M. (1994), *Le Vieillissement cognitif,* PUF.

Site web d'entraînement de la mémoire : **http://www.happyneuron.com**

Mise en pages
Maogani

Impression
Rotolito Lombarda (Italie)

Dépôt légal 31674 - Avril 2003

ISBN 2-502-103982-3
40-3832-9 – Édition 01